A Música Grega

COLEÇÃO SIGNOS/MÚSICA
DIRIGIDA POR

livio tragtenberg
gilberto mendes
augusto de campos
lauro machado coelho

TRADUÇÃO
newton cunha

REVISÃO TÉCNICA
livio tragtenberg

REVISÃO E TRADUÇÃO
DOS TRECHOS EM GREGO
E SUAS TRANSLITERAÇÕES
daniel rossi nunes lopes

EDIÇÃO DE TEXTO
elen durando

REVISÃO DE PROVAS
iracema a. oliveira

PROJETO GRÁFICO
lúcio gomes machado

PRODUÇÃO
ricardo w. neves, luiz henrique soares,
sergio kon e raquel fernandes abranches

A MÚSICA GREGA

THÉODORE REINACH

PERSPECTIVA

Título do original francês
La Musique grecque

CIP-Brasil. Catalogação na Fonte
Sindicato Nacional dos Editores de Livros, RJ

R289m

Reinach, Théodore, 1860-1928
    A música grega / Théodore Reinach; [tradução
Newton Cunha]. – São Paulo: Perspectiva, 2011.
    (Signos Música; 12)

    Tradução de: La musique grecque
    Inclui bibliografia e apêndice
    ISBN 978-85-273-0918-9

    1. Música – Grécia. I. Título. II. Série

11-2018.   CDD: 780.938
              CDU: 78(38)

12.04.11   13.04.11   025703

Direitos reservados em língua portuguesa à

EDITORA PERSPECTIVA S.A.

Av. Brig. Luís Antônio, 3025
01401-000 – São Paulo – SP – Brasil
Telefax: (011) 3885-8388
2011

Sumário

Música Grega Antiga, Hoje? – *Livio Tragtenberg* 9

A Arte e a Vida Esquecidas – *Newton Cunha* 25

Nota Sobre Vernaculização – *Daniel Rossi Nunes Lopes* 25

A MÚSICA GREGA

Preâmbulo 33

1.   MELODIA E HARMONIA 35

      Noções Fundamentais – Tetracordes e Sistemas – Os Três Gêneros Melódicos – Nuanças – Modos – Tons ou Escalas de Transposição – Melopeia – Harmonia Simultânea, Polifonia

2.   RÍTMICA 83

      Tempo Unitário, Tempos Compostos – Metros – Classificação dos Metros – Compassos Compostos – Sobre Alguns Ritmos Anormais – O *Cólon* ou Membro de Frase – Estrutura Rítmica das Cantilenas – Ritmo e Compasso – *Ēthos* dos Ritmos – Modulação Rítmica

3. INSTRUMENTOS MUSICAIS 119

4 A PRÁTICA MUSICAL 131

A Música na Vida e na Educação – Executantes e Concursos – Os Gêneros de Composição Musical – A Evolução da Música Grega

APÊNDICES

1. Notação Antiga 155

2. Bibliografia Sumária 165

3. Fragmentos Anotados da Música Grega 169

Bibliografia Atualizada 187

Música Grega Antiga, Hoje?

Pode parecer estranho publicar um livro sobre a música grega antiga, escrito em 1923, em pleno século XXI, era da tecnologia digital, depois de mais de meio século de música eletrônica, música digital etc. etc. No entanto, como nos ensina Plutarco, o "tempo é a alma deste mundo". Assim, em sua imaterialidade, as cronologias e linearismos artificiais se desmancham no ar; na realidade, essa alma se expressa e se materializa por saltos, entre "pontos luminosos" (Ezra Pound), ao longo da história.

De uma outra forma, a linguagem da criação artística se comporta de forma pendular. Um pêndulo caótico, à maneira de um atrator, com recorrências disformes, mas paralelas. Passado, presente e futuro são apenas conceitos abstratos. Cabe à criação qualificá-los.

Um dos aspectos mais relevantes na publicação deste livro em português é o de fazer circular questões técnicas e estéticas da linguagem musical a partir da perspectiva grega antiga. Ou seja, saltar mais de dois mil anos de história da música, ir à fonte e recuperar o fio da meada de questões que dizem respeito ao nosso momento atual, às situações estéticas e técnicas que se apresentam hoje em dia.

Assim como Heráclito nos ensina que não podemos nos banhar duas vezes no mesmo rio, a aproximação do universo musical da Grécia antiga com o ponto de vista de hoje deve se converter numa operação de descobrimento e iluminação ao revés.

Ao reconhecermos que a música grega antiga é fundamental e fundante na estruturação da música ocidental e da tradição como a conhecemos, não deixa de se transformar num ato de purificação esse debruçar-se sobre ela: remover o limbo, buscar gestos originários, ideias simples, originais, mas também fragmentárias, obscuras e incompletas. Formas de pensar e articular melodia, ritmo e texto a partir de um contexto específico.

Longe de ser obsoleta, letra morta, a teoria musical grega é ainda hoje um dos paradigmas na formulação e no pensamento musicais do Ocidente. E a ela se voltou e se volta, periodicamente, seja numa relação positiva ou negativa.

Temas tão caros à música do século XX, como a estruturação melódico-harmônica, o temperamento das escalas e a relação texto-música, são abordados neste livro sob uma perspectiva não contaminada pelo desenvolvimento posterior da linguagem musical. Isso torna interessante o fato de ter sido escrito no início do século XX, num contexto de transformação radical no campo das artes e das sociedades.

Théodore Reinach demonstra que essas questões se articulavam numa proposição de totalidade – que abarcava teoria e prática musical – e, como um arqueólogo que junta fragmentos de um objeto encontrado e preservado intacto há séculos, demonstra ainda que em sua abordagem cabe muito de dedução e especulação, ao perseguir uma totalidade fragmentada.

É interessante notar que a própria dificuldade de se obter registros museológicos e documentos de época mais numerosos lança Reinach num ambiente de especulação e incompletude que tem muito pouco a ver com uma ortodoxia e teleologias típicas do pensamento ocidental pós-iluminista e da musicologia de extração franco-alemã de um Hugo Riemann, do *Musiklexicon*, por exemplo.

Esse relativismo inevitável convive com verdadeiros buracos e "falhas geológicas", pelas quais podemos nos movimentar, especulando com a mente de hoje, atualizando de certa forma a nossa apreensão e percepção da música grega.

Tal conhecimento só adquire vida e utilidade se visto com novos olhos. Portanto, uma qualidade deste texto é não se perder em discussões filológicas musicológicas e, por fim, filosóficas, a ponto de torná-lo árido e pouco amigável ao leitor não especializado nessas áreas.

Assim, a própria divisão, proposta pelo autor, das partes deste livro, entre os elementos formadores, os instrumentos e aspectos da prática musical, nos deixa entrever um universo e uma cultura musical complexa, mas integrada, em que as práticas musicais informam as formulações teóricas, alterando-as. Quando diz que

a eclosão do gênero coral no século v supõe um notável desenvolvimento da cultura musical entre a burguesia das cidades dóricas, jônicas e beócias, pois as grandes composições líricas eram cantadas e dançadas não só por artistas profissionais, mas também pelos filhos das famílias educados por um mestre de coro, frequentemente o próprio compositor,

estamos diante de um quadro social no qual a atividade musical era desempenhada já de forma amadora e profissional, sendo os seus campos bem delimitados.

Reinach busca valorizar os aspectos técnicos, sem nos afundar no labirinto das terminologias específicas dos tratados musicológicos, oferecendo-nos, como ele mesmo diz, "pouca teoria e, principalmente, fatos". E como fonte primeira destes fatos, os poetas líricos. Dessa forma, pôde aprofundar as relações intrínsecas entre acento e duração, na qual se baseia boa parte da formulação dos chamados *pés gregos*.

Ao contrário, na música grega antiga, como notam inúmeros autores e Reinach sublinha neste livro,

por mais inferiores que fossem os recursos utilizados por ela [música grega], em comparação com os da música moderna, por elementar que fosse sua harmonia, por monótona que fosse sua instrumentação, ela não só estendeu-se a toda a vida social dos antigos, mas ainda exerceu sobre os espíritos uma impressão que os modernos têm certa dificuldade para conceber sua profundidade. A sensibilidade dos gregos parece ter sido particularmente acessível às impressões mais finas, às mais livres do ritmo e da melodia; delas tiravam não apenas um prazer sensível, infinitamente variado.

O universo da música grega antiga foi retomado por diferentes compositores e estudiosos na primeira metade do século XX, interessados em redimensionar o espaço e a matemática das frequências, com novas formulações de divisões da escala, mergulhando novamente no universo dos microtons. Isso foi interessante, porque se operou um salto para trás, ultrapassando uma larga era: a do último período romântico até o início da era cristã.

Questões do início do século XX remetiam a especulações de períodos muito anteriores, incluindo a Grécia antiga, especialmente com relação à teoria e prática enarmônicas. Assim, para avançar, se precisou retroceder, e muito. A retomada dessas questões se deu, em grande parte, por compositores e pesquisadores das Américas. Na Europa, particularmente no Leste, por pesquisadores das tradições musicais populares e por compositores como Alois Haba e Ivan Wyschnegradsky, entre outros.

Talvez as distâncias geográfica e ainda temporal, com relação à tradição europeia e suas relações, bem como com o parâmetro grego, propiciaram nas Américas uma liberdade maior na abordagem dessas questões, sem o compromisso e o peso de uma teleologia e um historicismo evolutivo.

Vale a pena apresentar brevemente alguns desses compositores e pesquisadores, ainda pouco conhecidos no Brasil, e que desempenharam um papel importante no estabelecimento do que se chama a tradição da "música americana experimental"[1].

Essa retomada se deu especificamente com relação ao gênero enarmônico da teoria grega, uma vez que os gêneros diatônico e cromático

---

1 Termo adotado a partir da obra de Gilbert, *Chase America's Music: From the Pilgrims to the Present* (Music in America Life), 3. ed., Urbana: University of Illinois Press, 1992.

foram um ponto de partida básico na estruturação da chamada música erudita europeia de forma geral. O gênero enarmônico abriga intervalos de quarto de tom em sua constituição (tetracorde formado por dois intervalos de quarto de tom e uma terça maior, por exemplo).

Deve-se sempre ressalvar, para não se correr o risco de um etnocentrismo europeu ocidental, que as culturas musicais do Leste Europeu, da Ásia e Oriente Médio tiveram suas bases, raízes e desenvolvimentos técnicos com uso extensivo da microtonalidade.

A controvérsia, tanto técnica como estilística, gerada pelo gênero melódico enarmônico na Grécia antiga, como descrita por Reinach neste livro e referida pelo compositor microtonal norte-americano Harry Partch como as "Guerras Enarmônicas"[2], se estendem ao longo do tempo. É tamanha a controvérsia que, mais à frente, Francisco de Salinas (1513-1590), em *De Musica* – uma referência no estudo da teoria musical ocidental do Renascimento – o reabilita, ao considerá-lo o gênero "mais perfeito" da teoria grega, indo numa direção totalmente oposta à pratica musical majoritária no período.

Harry Partch pesquisou profundamente a formulação de novas escalas e temperamentos, bem como desenvolveu a construção de novos instrumentos capazes de transformar em música suas pesquisas teóricas e matemáticas. Segundo ele, "as culturas antigas da China e da Grécia delinearam extensamente o pensamento acústico de todo o mundo civilizado"[3]. Um de seus principais instrumentos inventados é a Kithara I (1938), instrumento de cordas – à feição da lira – com uma afinação microtonal e um formato que lembra a verticalidade das colunas gregas. Partch criou várias versões para esse instrumento, sendo a primeira com 72 cordas divididas em doze grupos de seis. Assim como a lira grega, a Kithara é pinçada de um lado com os dedos e do outro com uma espécie de palheta fixada.

---

2 *The Genesis of a Music: An Account of a Creative Work, Its Roots, and Its Fulfillments*, 2. ed., New York: Da Capo, 1974, p. 171.

3 Idem, p. 370. Ver também Kathleen Schlesinger, The Greek Foundations of the Theory of Music, *Musical Standard*, v. 27-28.

Harry Partch também adaptou *As Bacantes*, de Eurípides, na obra *Revelation in the Courthouse Park* (1960), ponto alto de suas pesquisas em torno da criação de uma nova forma de drama[4].

Charles Ives (1874-1954) foi uma das matrizes dessa tradição experimental. Inovou em diversas áreas da composição e teve uma influência seminal em toda a música norte-americana a partir dos anos de 1920. Especificamente no campo da microtonalidade, criou as *Three Quarter Tone Piano Pieces* (1923-1924) para dois pianos, em que um dos pianos é afinado um quarto de tom abaixo. A partitura pôde seguir, portanto, a notação tradicional, resolvendo assim, de forma simples, a controversa questão da notação microtonal em quartos de tom.

Ao longo do tempo, os compositores foram criando sistemas próprios de notação ajustados às necessidades de cada composição, sendo que nos dias de hoje ainda convivem inúmeros sistemas, sem que se tenha estabelecido um padrão; o que de certa forma é bom, uma vez que mantêm abertas as possibilidades.

Ivor Darreg (1917-1994) propôs o termo *xenarmônico* – a partir da palavra grega *xenos* (estrangeiro) – para escalas e temperamentos que se diferenciam da escala temperada de doze sons. Darreg foi um pesquisador e construtor de instrumentos microtonais autodidata. Colega de Harry Partch, nasceu Kenneth Vincent Gerard O'Hara, em Portland, Oregon. Na adolescência abandou a escola para se dedicar ao estudo de línguas e de diversas áreas das ciências. Adotou o nome "Ivor," que significa "homem com arco" e Drareg (anagrama de Gerard) que logo alterou para Darreg.

Nos anos de 1940, construiu diversos instrumentos, entre eles, o Amplified Cello, Amplified Clavichord, Electric Organ, Electric Keyboard Oboe e o Electric Keyboard Drum. Alguns desses instrumentos não existem mais. O Electric Keyboard Oboe é baseado em circuitos de osciladores – como um órgão – e é capaz de produzir

---

4 Entre suas composições que se relacionam mais diretamente ao universo grego destacam-se: "Two Studies on Ancient Greek Scales" (1946), para Harmonic Canon; "Oedipus – dance-drama" (1951--1954) e "Ulysses at the Edge" (1955), para grupo instrumental e vozes, entre outras composições.

escalas microtonais; o Electric Keyboard Drum baseia-se num sistema de relés.

Hoje se reconhece como a sua maior contribuição teórica a ideia de que os diferentes temperamentos expressam diferentes "moods". Uma readequação da ideia de *ēthos* com que os gregos identificavam os diferentes modos[5].

Julian Carrillo (1875-1965) foi um dos pioneiros na pesquisa da música microtonal. Descendente de indígenas da região de Potosi, no México, precisou abandonar a escola para ajudar no sustento da família. Autodidata, Carrillo desenvolveu uma carreira de sucesso como violinista e regente. Em 1899, foi estudar com uma bolsa concedida pelo presidente do México, General Porfirio Diaz, no Conservatório de Leipzig, na Alemanha. Participou, em 1900, do Congresso Internacional de Música, em Paris, apresentando e publicando o texto intitulado "Sobre os Nomes dos Sons Musicais", onde propunha um nome diferente para cada som, visto que, segundo ele, cada som é único (frequência), assim cada nome de nota (dó, ré bemol etc.) deveria ser designado por uma sílaba única. Portanto, propôs 35 nomes monossilábicos. No Congresso Musical de Roma, em 1911, apresentou o texto "Reformando as Grandes Formas da Composição" para dar à sinfonia, concerto, sonata e quarteto, unidade ideológica e diversidade tonal.

Mas sua contribuição mais importante se deu com a pesquisa e as composições com o Sonido 13, um sistema microtonal desenvolvido a partir de 1895, por meio de experiências empíricas com o violino[6]. Carrillo iniciou dividindo um tom inteiro em dezesseis intervalos, chegando até 1/128 de tom. Em suas composições utilizou diferentes temperamentos, desde o quarto, sexto, oitavo de tom, e assim por diante.

Essas novas escalas, com uma quantidade maior de sons distintos, exigiam uma nova notação. Assim, criou um sistema numérico

---

5 O tabloide *Xenharmonikon*, editado por John Chalmers e Daniel J. Wolf, é uma publicação dedicada ao estudo da afinação experimental. Disponível em: <http://www.frogpeak.org>. Acesso em: 04 jan. 2011. O texto "New Moods", do próprio Darreg, está disponível em: <http://www.furious.com/perfect/xenharmonics.html>. Acesso em: 04 jan. 2011.

6 Um *site* extenso sobre o assunto é o <http://www.sonido13.com>. Acesso em: 04 jan. 2011.

que substituía a forma tradicional de notação em pentagrama, como no exemplo abaixo:

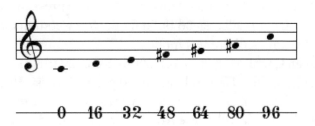

Figura retirada do livro *Teoria Lógica de la Musica*, de Julian Carrillo.

Ao utilizar 1/16 de tom, por exemplo, a nota dó é grafada com o número zero, ré bemol com o número 8 e ré natural, 16. Os sons intermediários, com os números 1, 2, 3, e assim por diante.

Para demonstrar a acessibilidade e clareza dessa nova notação, Carrilll convocou dois jovens estudantes de uma escola elementar, em Nova York, para que convertessem uma peça simples de Bach nessa notação. Eles realizaram a tarefa em menos de uma hora, provando, segundo ele, a facilidade de entendimento dessa nova forma de escrita.

Todo o reconhecimento institucional obtido por Carrillo como músico, regente e compositor nacional, levando até mesmo a que o nome de sua cidade natal fosse alterado para Ahualulco del Sonido 13, começou a ser contestado a partir do momento em que adotou a música microtonal e passou a promovê-la. Combatido no México, teve algum reconhecimento na Europa e Estados Unidos, onde apresentou inúmeras composições baseadas em quartos, sextos e oitavos de tom, com orquestras de prestígio e grupos instrumentais.

Um pouco à maneira de Cem Anos de Solidão, de Garcia Márquez, o México converteu-se numa Macondo para Carrillo. Sem apoio, a não ser dos alunos e amigos, passou a promover concertos, editar estudos e partituras às próprias custas.

Em 1975, pude encontrar um exemplar da partitura *Prelúdio a Colón*, escrito em 1/4, 1/8 e 1/16 de tom para voz e conjunto instrumental, na Biblioteca de Música de São Paulo. Utilizando a notação com números (como o exemplo acima), me fez lembrar, na época, as primeiras tentativas de notação de música eletrônica, feitas na Alemanha no final dos anos de 1950 e nos anos de 1960. Hoje, com uma simples busca na internet, é possível ouvir as obras de Carrillo e encontrar suas partituras[7].

Henry Cowell (1897-1965), nascido na Califórnia, contribuiu enormemente na pesquisa da música microtonal e da música do século XX. Autodidata, ingressou mais tarde na Universidade da Califórnia, onde iniciou estudos formais de música. Mas desde a adolescência já compunha com personalidade própria. Cowell, antes de completar o curso, mudou-se para Nova York onde encontrou Leo Ornstein, um compositor e pianista comprometido com a vanguarda da época e que já fazia uso extensivo dos *clusters* ao piano. Escreveu então Dynamic Motion (1916), empregando largos *clusters* que, para serem tocados, envolviam os antebraços do pianista sobre o teclado. Pioneiro também na exploração da tábua acústica do piano, especialmente dos harmônicos, como em Aeolian Harp de 1923.

Em 1919, começou a escrever o livro *New Musical Resources*[8], publicado em 1930, em que explora novas possibilidades harmônicas, melódicas e rítmicas. A partir do estudo dos harmônicos, buscou novos campos de estruturação harmônica, rítmica e melódica:

A proposta de *New Musical Resources* é destacar a influência que a série de harmônicos exerceu ao longo da história da música, os materiais musicais de todas as épocas que se relacionam a ela, e como, através de vários meios de aplicação de seus princípios em diferentes maneiras, uma ampla palheta de materiais musicais pôde ser reunida[9].

Lou Harrison (1917-2003) estudou com Henry Cowell e foi fortemente influenciado pelas músicas da Indonésia e de Java, com seus conjuntos de gamelão. Harrison combinou, de forma única,

---

7 Ver nota 5, supra.

8 H. Cowell, *New Musical Resources*, anotado e acompanhado de um ensaio de David Nicholls, Cambridge/New York: Cambridge University Press, 1996.

9 Idem, p. X-XI.

elementos da música oriental com músicas indígena, mexicana e o jazz. Após conhecer o livro de Partch, *Genesis of the Music*, compôs algumas peças utilizando o sistema de entonação justa[10].

Mildred Couper (1887-1974) compositora e pianista de origem argentina, viveu por longo tempo entre a Europa e os Estados Unidos. A partir de 1927, estabeleceu-se na Califórnia, onde começou a utilizar quartos de tom em suas obras. Sua primeira composição usando os microtons, o balé *Xanadu*, foi utilizada na montagem teatral de Marco Million, de Eugene O'Neill. A partir daí, dedicou-se à música para teatro e dança.

Ben Johnston (1926) ampliou as experiências de Partch com relação à entonação justa. Aplicou esse procedimento a diferentes estilos de música: do serial à ópera rock. Experimentou a entonação justa em instrumentos tradicionais, mantendo os seus sistemas de notação originais. Johnston criou melodias baseadas, segundo ele, numa escala "otonal", feita a partir da oitava à décima quinta parcial da série harmônica. Entre suas obras, destacam-se uma série de quartetos de cordas e a *Suite for Microtonal Piano* (1977)[11].

Joel Mandelbaun (1932), compositor, escreveu *Multiple Division of the Octave and the Tonal Resources of the 19-Tone Equal Temperament* (Universidade de Indiana, 1961), no qual explora as relações entre a entonação justa, o temperamento proporcional e suas implicações na harmonia. Compôs dez *Studies in 31-Tone Temperament* (oitava dividida em 31 partes) para um orgão microtonal criado por Adriaan Fokker (um físico – colaborador de Planck e Lorentz – e músico holandês).

Easley Blackwood (1933) é compositor e pianista, professor na Universidade de Chicago. Compôs os *Twelve Microtonal Studies for Electronic Music Media*, onde utiliza escalas temperadas microtonais. Publicou *The Structure of Recognizable Diatonic Tunings*, em 1986,

---

10 Segundo a definição de Partch: "Sistema no qual o intervalo e a escala são construídos baseados em critérios do ouvido e, consequentemente, um sistema e procedimentos limitados a um pequeno número de proporções. O intervalo inicial da entonação justa é 2/1, e, a partir dele, crescem os intervalos musicais inerentes a um pequeno número de relações tonais. Entonação Justa é o termo genérico que descreve esse procedimento", op. cit., p. 71.

11 Ben Johnston, *String Quartets n. 2, 3, 4 & 9*. Kepler Quartet. New World Records CD 80637.

em que combina as pesquisas de microtonalidade com aplicações e procedimentos da harmonia tonal.

Phill Niblock (1933) é um compositor e realizador de vídeo e cinema em Nova York, onde dirige a Experimental Intermedia Foundation, que desde 1973 apresentou mais de mil performances com músicos de todo o mundo, transformando-se num ponto de encontro internacional. Sua música é feita de grandes massas sonoras. Niblock combina o minimalismo com a microtonalidade de forma própria. Intensos batimentos microtonais acontecem na sobreposição de sons pré-gravados em peças de longas durações, como *drones*. Algumas de suas obras são notadas em hertz[12] (em números), sendo que o músico entoa as frequências expressas na partitura, tendo à frente um medidor de frequências para orientá-lo.

La Monte Young (1935) é considerado um mestre do minimalismo e da música conceitual. Nascido de uma família de mórmons em Idaho, Young, na juventude, estabeleceu-se em Los Angeles, Califórnia. No entanto, foi numa viagem a Darmstadt, Alemanha – onde aconteciam os cursos de verão de música contemporânea capitaneados por Karlheinz Stockhausen e Pierre Boulez, entre outros – que conheceu John Cage e David Tudor. Nos anos de 1960, mudou-se para Nova York, onde se ligou aos artistas performáticos do grupo Fluxus, como George Maciunas e Yoko Ono. Suas composições baseiam-se num pequeno número de tons sustentados por um longuíssimo tempo. Em *Composition 1960 #7*, indica tão somente que um intervalo de quinta perfeita deve ser "sustentando por um longo tempo". Adota a entonação justa na composição *The Well Tuned Piano* (1964, e que tem sido recriada por mais de sessenta vezes até o presente).

Formou o grupo Theater of Eternal Music com o qual criou, em colaboração com a artista multimídia Marian Zazeela, inúmeras peças e performances, como a famosa Dream House, uma instalação-casa onde a música soa ininterruptamente. Dream House baseia-se no conceito de simetria estrutural entre o desenho de luzes e os intervalos musicais sustentados, a partir de geradores de onda sonora.

---

12 Unidade de frequência definida pelo número de ciclos por segundo.

Entre seus trabalhos, destaca-se a peça com o extenso título: *The Base 9:7:4 Symmetry in Prime Time When Centered above and below The Lowest Term Primes in The Range 288 to 224 with The Addition of 279 and 261 in Which The Half of The Symmetric Division Mapped above and Including 288 Consists of The Powers of 2 Multiplied by The Primes within The Ranges of 144 to 128, 72 to 64 and 36 to 32 Which Are Symmetrical to Those Primes in Lowest Terms in The Half of The Symmetric Division Mapped below and Including 224 within The Ranges 126 to 112, 63 to 56 and 31.5 to 28 with The Addition of 119* .

Dean Drummond (1949) é um compositor da terceira geração experimental. Trabalhou com Harry Partch e tornou-se diretor e curador do Harry Partch Instrumentarium. Criou, em 1991, o zommoozophone, um instrumento microtonal que consiste em 129 tubos de alumínio pendurados, afinados em 1/31 por oitava. John Cage, entre outros, compuseram peças para o instrumento.

Assim como Drummond, um grande número de compositores e inventores de instrumentos tem explorado, nos últimos quarenta anos, a microtonalidade em todo o mundo. Novos instrumentos têm sido empregados em obras instrumentais, vocais, mistas, no teatro musical e também na música de cinema e no audiovisual em geral, onde sua aplicação tem aproximado as áreas de trilha musical e de efeitos sonoros.

No Brasil, temos o exemplo pioneiro de Walter Smetak (1913--1984), o genial suíço-baiano que, a partir de sua prática como músico clássico – tocava violoncelo em orquestra sinfônica clássica –, explorou de forma original a microtonalidade. Inventou e construiu um grande número de instrumentos – as chamadas plásticas-sonoras – com o material de que dispunha em Salvador, Bahia, como as cabaças, por exemplo.

Smetak estabeleceu uma relação sonoro-visual-filosófica na concepção desses instrumentos que os tornou, além de produtores de som, objetos conceituais. Partia basicamente da experiência empírica com o som e da especulação mística, como num pêndulo caótico. Isso o mantinha com os olhos e ouvidos abertos. Assim, ao observar os harmônicos que o sopro do vento fazia soar nas cordas de violões pendurados num varal ao ar livre, teve o estímulo concreto para iniciar as pesquisas com os violões microtonais.

Smetak não chegou a formular um sistema, ou a estabelecer escalas próprias, esse não era seu objetivo. Buscava transcender a música e estabelecer um contato direto com o som, sua materialidade e espiritualidade[13]. *Simbologia dos Instrumentos* é um livro-compêndio com um grande número de fotos de seus instrumentos, para os quais, segundo ele, "levei a proposta de devolver ao instrumento a sua dignidade ["E ele era um rei... hoje é um mendigo", como observa o próprio Smetak] e a sua verdadeira missão, que é a de instruir mentes"[14].

Essa brevíssima e precária panorâmica pelos criadores da América nos sugere a recorrência de um perfil autodidata, e uma combinação bastante própria entre experiência prática e especulação teórica. Lançados na aventura do corpo a corpo com o material sonoro, músicos e compositores trouxeram também os resultados dessas especulações para o plano da teoria, em formulações originais e não ortodoxas, como é o caso de Charles Ives, Harry Partch, Henry Cowell, Darreg, Lou Harrison e mesmo de George Ives, pai de Charles Ives, mestre de banda que deixou uma rica coleção de fragmentos especulativos, na qual interrogava: "Se um tom inteiro pode ser dividido em partes iguais, por que não os meios tons?"[15]

A fecundidade, portanto, das questões em torno da enarmonia e dos microtons atravessa os tempos e cria uma ponte direta entre abordagens que aproximam a música da Antiguidade e as músicas de hoje. Se naquela época o pequeno número de instrumentos e seu desenvolvimento para a prática musical limitavam a execução, era, no entanto, compensada por uma diversidade na abordagem do material musical e por uma inserção nunca vista da música como elemento fundamental no substrato ético e moral da sociedade.

---

13 Um estudo detalhado sobre Smetak foi editado nesta coleção. Trata-se da obra de Marco Scarassatti, *Walter Smetak: O Alquimista dos Sons*, São Paulo: Perspectiva, 2009 (Coleção Signos/Música).

14 W. Smetak, *Simbologia dos Instrumentos*, Salvador: Associação dos Amigos de Smetak, 2001.

15 Cf. David Eiseman, George Ives as Theorist: Some Unpublished Documents, *Perspectives of New Music*, 1975, p. 139-147.

Operando como a primeira grande síntese em praticamente todas as áreas, a cultura grega antiga tinha um sabor inaugural. E, no caso da música, ainda estava livre de sistematizações consolidadas, e do próprio peso acumulado pelo desenvolvimento histórico da linguagem musical. Esse sabor inaugural é similar ao experimentado no início do século xx, quando se questionava a herança musical dos últimos séculos e se buscava uma ampliação geral da criação e prática musicais, e do som de forma geral, respondendo a uma nova era de desenvolvimento social, tecnológico e humano.

Um outro aspecto que ilustra a atualidade e a pertinência do universo grego se refere à relação entre o texto e a música. O gênero musical mais praticado nos dias de hoje é a canção. Produto industrial que mobiliza compositores, músicos, cantores e a indústria do entretenimento. Poucos têm ideia de que as bases da forma canção, que se pratica hoje de tantas formas, foram estabelecidas, em grande parte, na prática musical da Grécia antiga.

Como demonstra Reinach, "na arte antiga, a música vocal possuía uma tal preponderância que o ritmo musical era visto, principalmente, sob o aspecto verbal: a rítmica, na origem, quase se confundia com a métrica. Em uma língua como a grega, em que a pronúncia e a versificação estão fundamentadas essencialmente sobre o princípio quantitativo, essa confusão era inevitável; o ritmo das palavras impunha-se à melopeia sobre elas aplicada"[16].

Em grande parte, as regras rítmicas da música grega são determinadas pelo verso e seus metros. Esse amálgama entre palavra e melodia percorreu também um movimento pendular, ao longo da história da música ocidental. Parece-me que as músicas populares – tradições estabelecidas a partir da transmissão oral – foram as que mais perfeitamente combinaram essa articulação.

Se formos considerar as idas e vindas da criação vocal da chamada música erudita, esse movimento pendular se torna ainda mais claro. Períodos em que a criação melódica se sobrepõe ao texto, com alongamentos e ornamentação que, muitas vezes, ofuscavam a

---

16 Ver infra, p. 83-84.

clareza semântica e mesmo sintática do texto; períodos de restabelecimento de um equilíbrio entre linha melódica e verso, que buscava propiciar o entendimento semântico do texto e suas estruturas métricas. Mesmo a música do século xx apresentou essa alternância de comportamento com relação ao texto cantado, ora como reação a uma herança romântica cheia de clichês, ora como reação a um uso praticamente abstrato do texto.

No entanto, na música popular industrial, a grande maioria de ensinamentos da música grega antiga com relação aos metros e acentos – a configuração e o *tópos* rítmico do verso – continua a ser praticada, mesmo que inconscientemente, pelos fazedores de canções, em qualquer gênero ou estilo musical.

Por fim, podemos dizer que mesmo o *rap* (ritmo e poesia) retoma essa articulação básica, o que levou uma legião de músicos não literatos a manipular, num corpo a corpo, as situações e soluções de ritmo e acento, cujas bases encontramos apresentadas neste livro.

Theodor Reinach (1860–1928) foi arqueólogo, matemático, papirologista, filólogo, historiador, numismata, político, professor e musicólogo. Nasceu na França, tendo estudado na Escola de Altos Estudos e de Ciências Políticas. Assumiu a cadeira de Numismática no Collège de France. Autor de *Trois royaumes de l'Asie Mineure: Cappadoce, Bithynie, Pont* (1888), *Mithridate Eupator* (1890), da tradução e edição crítica do tratado *De musica* de Plutarco, e da *Histoire des Israélites depuis la ruine de leur indépendance nationale jusqu'à nos jours* (1901), entre outras obras. Eleito deputado por uma província do sudeste da França, Reinach se alinha ao "bloc des gauches".

Livio Tragtenberg

A Arte e a Vida Esquecidas

Aquilo que de melhor a arte e o pensamento ocidentais souberam produzir tem raízes e troncos profundamente implantados na cultura grega. Uma cultura que, mesmo recebendo influências orientais em sua formação inicial, soube delinear-se de maneira tão inusitada e magistral que suas luzes ainda são visíveis e seus ecos audíveis, assim como a radiação de fundo que, saída dos princípios do tempo, permanece espalhada pelo Universo. Mas essa constatação banal no que diz respeito à literatura, ao teatro, às artes plásticas ou à filosofia (incluindo-se nela a matemática) deixou nas sombras a mais inefável das expressões humanas: a música.

E, no entanto, foi ela uma realidade prática e frequente nos eventos da vida helênica: na cotidiana e na eventual, na pública e na familiar. Companheira, portanto, dos nascimentos e dos enterros, dos simpósios, dos rituais religiosos, das festas cívicas, da marcha da guerra, do esforço dos remadores, objeto de concursos anuais e da representação teatral. Aqui, é suficiente nos lembrarmos de Eurípides, que, nos versos 673-678 de seu *Hércules* (Ἡρακλῆς), afirma: "Não cessarei de unir as graças às musas numa aliança de delícias. Sem a música, não há vida". E do fato de que, a partir do século VI a.C., era finalidade da educação chegar-se ao cidadão músico, isto é, àquele que deveria conhecer e poderia apreciar as criações e os encantos de todas as musas (Μοῦσα), e não apenas a arte de Euterpe.

Tanto os rituais religiosos quanto a nossa longa tradição artística – gêneros poéticos, danças, gêneros teatrais – evoluíram (e talvez só pudesse ter assim ocorrido) intimamente vinculados à música ou, em outros termos, à organização sonora, ao jogo entre a escrita e as formas métricas, ritmos, intervalos, vozes e instrumentos que a fizessem entoar de uma determinada maneira, transmitindo à coletividade seus próprios mitos e, à audiência, as paixões subjetivas de um autor.

Foram os hinos, cujas origens se perdem no tempo, as primeiras formas lítero-musicais da Grécia. A eles estão ligados os nomes mitológicos de Orfeu, de Museu, de Lino, sacerdotes-cantores das liturgias sagradas. Também os aedos, que frequentavam a corte micênica séculos antes de Homero, eram poetas-músicos-cantores, como Demódoco, citado na *Odisseia* (VIII, 266-366) criadores de métricas diversas a partir de sílabas longas (–) e breves (U). Entre elas, o verso preferido da épica, o hexâmetro datílico (seis pés de quatro tempos).

Sob o nome de "hinos homéricos", dado por uma tradição tardia, os cantos endereçados a deuses, deusas e heróis referem-se a obras bastante diversas em suas dimensões e afastadas no tempo. Alguns, como os hinos a Hermes, a Demeter ou a Afrodite, ultrapassam os quatrocentos versos, ao passo que um deles, em honra a Zeus, contém apenas quatro. Alguns datam dos séculos VII e VI antes de nossa era, enquanto outros pertencem à época alexandrina. Os mais longos comentam ou relatam peripécias de personagens míticos ou lendários de ordem secundária, como Anquises ou Eneias (Hino a Afrodite), ou rituais religiosos mais reservados (os mistérios de Elêusis no Hino a Demeter).

Dos cantos religiosos, dois se tornaram os mais comuns: o ditirambo e o peônio (sendo esse nome aplicado também ao ritmo 3/2). O ditirambo era o canto entoado em homenagem a Dioniso. Tendo provindo de festas populares, foi adotado a partir do século

VI a. C., por poetas já consagrados. Quanto ao peônio, prevalecia em certas festividades, como a das Panatenaicas, em honra a Palas Atena, sendo, no entanto, igualmente dedicado a Apolo.

Também não se concebia uma cerimônia contratual de casamento (ἐγγύησις), com duração usual de três dias, sem música, cantos e danças. A começar pela *loutroforia*, o transporte da água de uma fonte sagrada para o banho dos noivos. Na Ilíada (canto XVIII, 490), encontramos um primeiro relato de festa e alegria matrimoniais em Troia: "noivas saindo de seus quartos e conduzidas pela cidade à luz de tochas, ouvindo-se repetidos cantos de himeneu; jovens dançarinos formavam rodas e, ao seu redor, soavam os aulos e as cítaras, e as matronas admiravam o que se via diante de suas portas".

Já nos momentos dolorosos da morte e do sepultamento, valia a música como lenitivo ou anódino às dores de familiares e amigos, durante as três etapas da cerimônia: na exposição do corpo (*prothesis*), no cortejo (*ekphora*) e na inumação final.

A partir do século VII a. C., o gênero épico e a poesia didática, como a de Hesíodo, cederam espaços e importância à poesia íntima e emotiva, tanto monódica (solista) quanto coral. Será, num primeiro momento, a época de Álcman, Semônides, Mimnermo, Arquíloco, Calinos e Safo. Em seguida, a de Teógnis, Íbico, Anacreonte, Baquílides e Píndaro. Esses novos literatos se dedicam a diferentes formas poéticas, compondo ora ditirambos, ora epinícios, elegias ou iâmbicos.

Das odes corais teremos não apenas obras exemplares, como esta *Pítica I*, de Píndaro: "Lira dourada, justa pertença de Apolo e das Musas / de tranças violetas! Ouve-se o inicial passo dançante do esplendente festim; / e os cantores obedecem a teus sinais, / quando vibrando fazes soar os acordes iniciais / dos prelúdios condutores dos coros"[1]. Delas sairá igualmente o coro das tragédias, na verdade uma série de odes corais entremeadas por diálogos e relatos.

Se hoje podemos ler Safo em silêncio ou, quando muito, escutá-la em forma declamada – "Imortal Afrodite do trono variegado, / filha

---

1 Cf. Frederico Lourenço et al, *Poesia Grega: De Álcman a Teócrito*, Lisboa: Cotovia, 2006, p. 147.

de Zeus, urdidora de enganos, suplico-te: / com sofrimentos e angústias não subjugues, / ó rainha, o meu coração" –, devemo-nos lembrar que seus contemporâneos só a ouviram sob o acompanhamento de uma lira (a de sete cordas) e que, portanto, estava-se em presença de um canto e de uma harmonia, e não apenas de uma peça literária. Daí a denominação de poesia lírica, em toda a sua integridade, ou ainda mélica, porque indissoluvelmente ligada ao canto.

Assim é que todos os gêneros poéticos – o lírico, o elegíaco (verso de cinco pés), o iâmbico (empregado habitualmente para a sátira), o epinício e o bucólico – enquadravam-se em um dos três gêneros musicais: o diatônico, o cromático ou o enarmônico. Infelizmente, de ambos os registros pouco restou, e muito menos ainda do musical. Não mais do que 61 fragmentos de partituras (σημειογράφοι) ou de *parasēmantikē* (o termo é de Aristóxeno), embora alguns tratados importantes a respeito, versando sobre teoria musical, harmonização, métrica ou acústica, tenham sobrevivido, como os de Aristóxeno, Aristides Quintiliano e Plutarco.

Este livro do grande helenista Reinach nos esclarece com admirável sutileza as principais características teóricas da música grega, não permitindo que se apague a enorme contribuição que também nesse domínio nos foi legada, fruto de sentimento, de criatividade e de extraordinários atributos racionais.

Newton Cunha

Nota Sobre a Vernaculização

T. Reinach usa do seguinte procedimento em seu livro: como, em boa parte dos casos, os termos musicais de conotação técnica encontrados nas fontes gregas não possuem um correspondente na língua francesa, ele os vernaculiza, ou seja, ele cunha novas palavras no vernáculo a partir de certas regras fixadas para tal procedimento. Todavia, como os parâmetros de vernaculização do francês e os do português são distintos, foi necessário adotar um procedimento semelhante nesta edição, porém conforme as regras comumente empregadas em nossa língua. Assim, manteve-se os termos cuja forma vernaculizada já se encontra dicionarizada em português, tais como *hipérbole, tese, siringe, treno, escólio, encômio, epinício, estásimo* e *emelia*. Em outros casos, manteve-se a forma dos termos que, embora não dicionarizadas, aparecem no Volp (Vocabulário Ortográfico da Língua Portuguesa), tais como *hípata, paraneta, arse* e *forminge.* Nos demais casos, foram cunhadas novas formas em nosso vernáculo, tais como *lícano, hiperípata, parípata, apôtoma, parámesa, magádide* e *paracatáloga.* O procedimento de vernaculização em português segue certas regras comuns, dentre as quais a mais relevante para nosso caso, talvez, seja a relativa à acentuação das palavras. O critério é basicamente observar-se a posição da penúltima sílaba da palavra latina correspondente: se breve, o acento forte recairá sobre a ante-penúltima sílaba, se longa, nela mesma. Nos casos em que não haja termo correspondente em latim, aplica-se o critério de acentuação de acordo com a forma latina hipotética, *i.e.*, na forma em que se encontraria em latim.

Daniel Rossi Nunes Lopes

A MÚSICA GREGA

NOTA DA EDIÇÃO FRANCESA: Nossos leitores saberão deaculpar algumas imperfeições em nossos caracteres; elas traduzem as dificuldades técnicas próprias à reprodução de textos antigos esgotados, dos quais é, por definição, difícil de escolher o exemplar para reeditar.

Preâmbulo

Este pequeno livro, escrito para me liberar de uma promessa um pouco imprudente, não tem a pretensão de condensar em duas centenas de páginas tudo o que se sabe ou se crê saber a respeito da música dos antigos. Meu objetivo foi mais modesto: traçar os lineamentos do assunto, demarcar suas divisões, trazer alguns princípios incontestes e, enfim, indicar as questões essenciais que permanecem a ser resolvidas e das quais algumas não serão jamais solucionadas.

Pode parecer estranho que um autor que passou mais de quarenta anos de sua vida a estudar a métrica e a música gregas ouse confessar que não saiba ao certo o que é um modo grego, com exceção do *Doristi*, e que não saiba escandir (aquilo que se chama escandir) uma ode de Píndaro ou de Baquílide. Mas, em casos como esse, é melhor confessar sua ignorância do que mascará-la sob frases belas ou conjecturas ao acaso. Cedo ou tarde, sob o esforço da crítica, o frágil edifício desaba e o estudioso, decepcionado, afasta-se de pesquisas que ele acredita, a partir de então, destinadas à esterilidade: um dos maiores inconvenientes do dogmatismo intempestivo é o de produzir o ceticismo. Eu preferi mostrar que ali havia portas ainda fechadas; pessoas mais hábeis ou com mais sorte saberão um dia encontrar e girar a chave.

Em suma, encontrar-se-á neste volume pouca teoria e, principalmente, fatos. Tais fatos retirei, naturalmente, de três fontes: primeiro, dos poetas líricos gregos; segundo, do *corpus* dos metrificadores e dos musicólogos; em terceiro lugar, dos restos que subsistem da melopeia antiga. A primeira dessas fontes encontra-se aberta a todos. A segunda é um pouco menos acessível, embora existam traduções francesas de vários tratados musicológicos da Antiguidade. A natureza desta obra nem sempre me permitiu dar referências precisas, mas espero que acreditem em mim quando eu disser: "Aristóxeno nos ensina isto ou aquilo", sem acrescentar em que parágrafo, em que página, em que edição.

Quanto aos fragmentos da melopeia grega, cujo número tem felizmente crescido nestes últimos anos com as descobertas epigráficas e de papiros, é em vão procurar, seja na França, seja no estrangeiro, uma coletânea completa, exata e de fácil consulta. Acreditei, portanto, ser meu dever dar, em apêndice, uma edição ou ao menos uma transcrição integral desses preciosos fragmentos, aos quais me refiro, frequentemente, em minha exposição. Agradeço ao meu editor pela liberalidade com que autorizou essa publicação. Qualquer que seja o valor do resto da obra, esse capítulo ao menos dará ao meu livreto um interesse incontestável.

Ele se dirige, sobretudo, a duas classes de leitores: aos músicos que sabem um pouco de grego e aos helenistas que sabem um pouco de música. Essas duas categorias não são numerosas: é desejável que venham a ser. Minha ambição será realizada se eu facilitar a uma e a outra o acesso a um assunto interessante, que não pode deixar indiferente nenhum amigo da arte ou da Antiguidade clássica.

24 de janeiro de 1923
Théodore Reinach

1.
Melodia e Harmonia

Noções Fundamentais

Toda linguagem musical emprega, em princípio, sons que tenham entre si um certo parentesco[1]. O parentesco mais estreito chama-se consonância (συμφωνία): é ela que fornece os pilares do edifício melódico.

Os gregos somente admitiram três intervalos (διάστημα) consonantes elementares:

a oitava (διὰ πασῶν), que às vezes classificavam em uma categoria à parte, sob o nome de *antifonia*, porque ela quase se confunde com o uníssono[2];

a quinta justa (διὰ πέντε), antigamente δι' ὀξειῶν;

a quarta justa (διὰ τεσσάρων), antigamente συλλαβή, reversão, ou complemento da oitava, da quinta justa.

---

1 O parentesco dos sons, segundo os gregos, é captado diretamente pelo ouvido e, em seguida, confirmado pela medida dos comprimentos das cordas; eles jamais o fundamentam sobre o princípio dos *harmônicos*, dos quais reconheceram a existência, ao menos sob a forma de ressonâncias (Aristóteles, *Prob.* xix, 24, 42; *Anth. Pal.* xi, 352; Adrast. AP. Perph. 270; Theo, p. 80; Bacchius senex AP. Anon. Bell., p. 104).

2 ἡ αὐτὴ ἅμα καὶ ἄλλη (Aristóteles, *Prob.* xix, 17).

As terças e as sextas maiores eram consideradas como as mais doces das *dissonâncias* (διαφωνία), mas jamais obtiveram o direito de cidadania entre as verdadeiras consonâncias. Existe aí um fenômeno fisiológico ou estético que nos contentamos em registrar. Procurou-se explicá-lo alegando-se que a terça dos gregos é sensivelmente maior do que a terça maior natural. No mundo do acorde ordinário, a relação entre as velocidades das vibrações dos sons que a compõem é, com efeito, de 81/64, em lugar de 80/64. Mas tal explicação se depara com o fato de que, em diversas variedades de ajustamento da lira, como veremos adiante, encontra-se a terça natural, perfeitamente conhecida e utilizada.

Da mesma forma que a soma da quarta e da quinta é a oitava, sua diferença dá a segunda maior ou *tom* (τόνος, antigamente ἐπόγδοον, segundo Pitágoras): é o intervalo dissonante mais usual, que representa, de qualquer maneira, o "degrau" melódico por excelência, a unidade de medida de todos os outros.

Retirando-se sucessivamente dois "tons" de uma quarta justa, obtém-se o intervalo impropriamente denominado "semitom" ou "hemítono" (ἡμιτόνιον, antigamente δίεσις). É o menor dos intervalos, que podem ser realizados por uma cadeia de quintas e de oitavas (διὰ συμφωνίας), procedimento empregado para afinar os instrumentos de música, tanto entre os antigos quanto entre nós.

Como se verá, pequenos intervalos, inferiores ao semitom, não exerceram um grande papel nas músicas teórica e prática dos gregos, por estranho que pareça à nossa sensibilidade.

Tetracordes e Sistemas

O edifício melódico dos modernos tem por plano essencial a oitava; entre os gregos, o enquadramento melódico elementar é, antes, a quarta, o menor intervalo consonante, como se viu, admitido pelo ouvido.

Consideremos dois sons que limitam um intervalo de quarta justa, por exemplo, mi-lá. Conforme a teoria dos gregos, a voz humana, indo de um som ao outro, não pode intercalar sem esforço a não ser dois sons intermediários; o conjunto das quatro notas, separadas assim por três degraus, forma um *tetracorde* (τετράχορδον). O tetracorde é um elemento primário, a célula constitutiva de todas as gamas gregas: essas aqui compõem-se sempre de uma série de tetracordes, frequentemente idênticos, ou, em todo caso, similares, às vezes encadeados por uma nota comum[3], às vezes separados por um tom disjuntivo[4].

Os dois sons extremos de cada tetracorde, que soam invariavelmente no intervalo de uma quarta justa, são ditos *sons fixos* (φθόγγοι ἑστῶτες); quanto aos dois sons intermediários, suas entonações diferem segundo o "gênero" e a "nuança" do acorde, e podem mesmo não ter qualquer parentesco definível com os sons fixos; eles são ditos *sons móveis* (φθόγγοι κινούμενοι). Em todas as gamas de origem verdadeiramente helênica, o menor intervalo do tetracorde, intervalo que jamais excede a extensão de um semitom, está sempre posto sobre o grave; o intervalo intermediário é geralmente menor que aquele situado mais para o agudo. O movimento melódico "natural", como dizem os gregos[5], opera do agudo para o grave, e a penúltima nota, a qual se apoia de algum modo sobre a mais grave, desempenha um papel análogo àquele da sensível em nossas oitavas modernas, mas em sentido inverso. Assim é o tipo do "tetracorde helênico".

Um grupo de tetracordes, no mínimo em número de dois, constitui uma escala, ou, como eles dizem, um *sistema* (σύστημα).

O percurso das melodias populares manteve-se, em princípio, confinado aos limites de uma oitava; o instrumento de cordas nacional, a lira primitiva, não contava senão com sete cordas, quer dizer, com sete notas. Mas houve, desde as origens, várias maneiras de constituir a escala normal da lira, abstração feita até mesmo da entonação variável dos "sons móveis". Nas cidades eólicas, ligavam-se dois tetracordes de tipo helênico (ou seja, com um semitom no grave), conjuntamente por uma nota comum, o que dava, para uma lira de sete cordas, a seguinte escala, na qual marquei os nomes usuais

---

3 συναφή, donde συνημμέναι, as notas conjuntas.
4 διάζευξις, donde διεζευγμέναι.
5 Aristóteles, *Prob.* XIX, 33.

das cordas; atribuo provisoriamente aos sons móveis (expressos por notas pretas) a entonação que eles possuíam no gênero de acorde mais vulgar, o diatônico:

Nas cidades dóricas, ao contrário, separavam-se os dois tetracordes helênicos por um tom disjuntivo. Tendo a lira sete cordas, era preciso então suprimir uma nota, fosse o tetracorde superior, assim

ou, ainda,

fosse no tetracorde superior, assim

Todas as variedades parecem ter sido experimentadas[6].

---

[6] A gama (b) é aquela que Aristóteles (*Prob.* XIX, 32) parece atribuir a Terpandro, e Nicômaco (p. 17, Meibom) a Filolao: a gama (c), sem *lícano*, é aquela da parte diatônica do primeiro hino délfico. Presumiram-se gamas ainda mais rudimentares, em que dois tetracordes eram defectivos (pentacorde conjunto, hexacorde disjunto). Falarei disso, oportunamente, na gênese do gênero enarmônico.

O procedimento do acorde eólico tinha o inconveniente de não fornecer a consonância da oitava; já o procedimento dórico, o de empregar tetracordes defectivos. Foi o que o obrigou a acrescentar uma oitava corda à lira[7]. O octacorde dórico, assim completado por dois tetracordes helênicos, separados por um tom disjuntivo, acabou por prevalecer na teoria e na prática. Ele constitui a parte central e essencial de todos os "sistemas" ou cordames* mais extensos que a oitava, ao mesmo tempo que a moldura de todas as especulações acústicas[8].

Vê-se que nesta escala fundamental cada um dos dois tetracordes recebe um nome distinto; da mesma maneira, cada uma das quatro notas ou cordas da lira que o compõem. Esses nomes, claro, não expressam alturas absolutas de sons, podendo, todo o sistema, ser transposto para uma altura qualquer. Eles traduzem simplesmente o lugar ou a função, ou ainda, como diziam os gregos, a "valência" (δύναμις) de cada nota no tetracorde ao qual pertence. Da mesma forma é que, no solfejo moderno, se empregam os termos fundamental,

---

7 No modo de acorde eólico (tetracordes conjuntos), esta nota é a *hiperípata* (ré grave), oitava grave da nota ré.

* Embora o texto francês se refira a um teclado (*clavier*), pareceu-nos que, em se tratando de instrumentos de corda, melhor seria utilizar o termo cordame, isto é, o conjunto das cordas do instrumento (N. da T.).

8 Nomes gregos das oito notas: νήτη (νεάτη) [*nētē*], παρανήτη (*paranētē*), τρίτη (*tritē*) παραμέση (*paramesē*), λίχανος (ὑπερμέση) [*likhanos*], παρυπάτη (*parhupatē*), ὑπάτη (*hupatē*). Disjuntas: διεζευγμέναι (*diezeugmenai*). Médias: μέσαι (*mesai*). Como o provam os nomes ὑπερμέση (*hupermesē*) e ὑπάτη (*hupatē*), os antigos conside-ravam os sons graves "acima" dos sons agudos. Mais tarde, como se vê pelas denominações das quinze escalas de transposição, e mesmo pelo nome do tetracorde ὑπερβολαῖαι (*huperbolaiai*), eles adotaram a metáfora inversa, análoga à nossa.

mediante, dominante, subdominante etc.[9] Os quatro sons fixos do octacorde primitivo (por exemplo, mi, si, lá,mi), que fornecem os intervalos (oitava, quinta, quarta) e o tom, e entre os quais os pitagóricos descobririam relações numéricas notáveis, constituem o que Aristóteles chama o "corpo da harmonia", quer dizer, o arcabouço do edifício melódico.

Mais tarde, por adições sucessivas, o número de cordas da lira ou, o que dá no mesmo, o número de notas da escala-tipo foi gradualmente levado de oito para quinze. Acrescentou-se primeiro o tetracorde das *hípatas* (ὑπάται)[10]* ao grave das *mesai* [médias]**, e em conjunto com ele; depois, ainda um tom abaixo, a nota chamada "acrescida" (*proslambanómena*)[11], que fornece a oitava grave da média. De outro lado, para a aguda do tetracorde dos *disjuntos*, e em conjunto com ele, criou-se o tetracorde dos "sobreagudos" ou *hipérboles* (ὑπερβολαίαι)[12], cujo som mais agudo soa a oitava aguda da *mesē*. Esta aqui se encontrava, assim, posta no centro matemático da escala aumentada e mereceu, com mais propriedade do que no octacorde primitivo, o nome de *som do meio*.

Acrescentemos que, para facilitar as modulações passageiras à quarta aguda, teve-se o costume de considerar, como parte integrante do "sistema perfeito" da nova lira dórica, o antigo tetracorde conjunto do heptacorde eólico, caracterizado, dentro do gênero diatônico, pelo si bemol. Havia, assim, a partir da *mesē*, uma bifurcação para o agudo. Sem dúvida, daí nasceu o hábito de considerar, como

---

9 Notar que os sons *móveis* não correspondem sequer às alturas *relativas* invariáveis, pois sua entonação difere conforme o gênero e a nuança do acorde.

10 O "sistema perfeito" de Aristóxeno, tipo de suas escalas de transposição, não abrange, além do octacorde primitivo, senão este terceiro tetracorde; é, pois, um *hendecacorde*.

* *Hupatē*, corda grave do tetracorde inferior; *mesē*, corda aguda do tetracorde inferior; *nētē*, corda aguda do tetracorde superior (N. da T.).

** μέση, de μέσος, η, ον, no centro, no meio (N. da T.)

11 προσλαμβανόμενος (subentendido: φθόγγος, som).

12 Como as notas que constituem os dois novos tetracordes repetem, na mesma ordem, os nomes daquelas do tetracorde que as precede, deve-se, para evitar equívoco, acrescentar ao nome da nota o do tetracorde da qual ela faz parte. Assim, dir-se-á: parípata das hípatas, lícano das médias, paraneta das hipérboles. Da mesma maneira, quando o tetracorde das conjuntas for anexado ao sistema, distinguir-se-á a trita das conjuntas da trita das disjuntas.

entre nós, as gamas na ordem ascendente, e não mais, como antes, do agudo para o grave[13].

Definitivamente, "o grande sistema perfeito"[14] foi composto por dezoito notas, abrangendo duas oitavas, das quais temos aqui os nomes e (no gênero de acorde diatônico) as alturas relativas[15]:

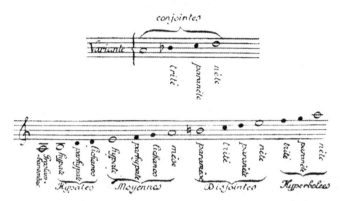

Os Três Gêneros Melódicos

Viu-se que apenas os sons "fixos", quer dizer, os que limitam os tetracordes, têm uma altura absolutamente determinada e imutável. A entonação variável dada aos sons intermediários, ou *móveis*, caracteriza três *gêneros* (γένος) de progressão melódica: o *diatônico* (διάτονον), o *cromático* (χρωματικόν [χρῶμα]) e o *enarmônico* (ἐναρμόνιον [ἁρμονία]).

No gênero diatônico, a sequência dos intervalos do tetracorde helênico, do agudo ao grave, é esta: tom – tom – semitom, por exemplo:

---

13 Segundo Ptolomeu, *Harm.* III, 10, os cantores, ao exercitarem as gamas, iam inicialmente do grave para o agudo e desciam em seguida.
14 σύστημα τέλειον ἀμετάβολον [*sustēma teleion ametabolon*] (na realidade, a presença do si bemol o converte, ao contrário, em modulante).
15 Notar que as "conjuntas" são ditas συνημμέναι, que a lícanos das hípatas (ré grave) diz-se algumas vezes ὑπερυπάτη ou διάπεμπτος (quer dizer, a quinta grave da *mesē*).

No gênero cromático, a sucessão é a seguinte: terça menor – semitom – semitom[16].

Enfim, no gênero enarmônico: terça maior – quarto de tom – quarto de tom[17].

Os gêneros cromático e enarmônico apresentam uma particularidade em comum: o intervalo superior (posto no agudo) é, por si só, maior do que a soma dos dois outros. Estes últimos formam um grupo dito "estreito" (πυκνόν, *picno*), e os dois intervalos que o compõem trazem o nome genérico de diese (δίεσις)*, qualquer que seja a extensão definida.

O gênero diatônico, o único que subsiste realmente na música atual, é o mais antigo e o mais natural de todos. Sua origem se perde no passado mais distante e suas características, segundo os estetas gregos, são a firmeza, a calma e a simplicidade. Nunca deixou de ser usado; no entanto, no apogeu da era clássica, no século v, a música profissional, em particular a do teatro, a havia quase abandonado em prol do gênero enarmônico. O diatônico era então considerado um gênero inferior, próprio dos povos incultos ou de formação rudimentar. É a época em que o sofista Híppias, em uma

---

16 Emprego o termo semitom em sentido amplo, designando todo intervalo intermediário entre o quarto de tom e o semitom maior. O valor exato do semitom cromático varia segundo as nuanças do acorde, do qual se tratará mais adiante.

17 O signo + (semidiese) colocado à esquerda de uma nota indicará, convencionalmente, uma elevação de um quarto de tom.

* Termo usado até a Idade Média; modernamente, sustenido (N. da T.).

conferência da qual um fragmento nos foi conservado[18], assim se exprime: "quem não sabe que os eólios, os dólopes e todos os habitantes das Termópilas, que fazem uso de uma música diatônica, são mais corajosos do que os tragediógrafos, sempre habituados a cantar o gênero enarmônico?"

O gênero enarmônico é de origem aulética. Sua gênese deve ser procurada em uma fase primitiva da música de flauta pastoril, na qual os dois tetracordes que compunham o octacorde dórico, ambos deficientes de uma nota[19], se apresentavam sob o seguinte aspecto:

Conjuntos assim constituídos ainda se ouviam na época de Aristóxeno (por volta de 300 a. C.), nas velhas árias de libação, ditas *espondaicas*, das quais se louvava a majestosa gravidade, atribuindo-as ao legendário Olimpo. É esta progressão ou "harmonia" rudimentar que representa a enarmônica primitiva.

Mais tarde – provavelmente sob influência dos salmodistas orientais, nos quais se observam, ainda em nossos dias, glissadas de voz por pequenos intervalos difíceis de serem definidos –, o semitom posto sobre o grave de cada um dos tetracordes foi subdividido em dois intervalos sensivelmente iguais, obtidos experimentalmente, dada a obstrução parcial de um furo do aulo. Esta subdivisão produziu-se, inicialmente, nas melodias de origem asiática (modos frígio e lídio); em seguida, aplicou-se-lhe à própria gama dórica, e isso em etapas sucessivas. De início, subdividiu-se o semitom do tetracorde inferior (tetracorde das médias), conservando o tetracorde superior (tetracorde das disjuntas) o aspecto do tricórdio primitivo; em seguida, este aqui foi, por sua vez, subdividido.

---

18 *Hibeb papyri*, n. 13.
19 Τρίχορδα μέλη. Plutarco, *De mus.* 171 W.R. Ficamos sabendo (§ 175) que a flauta, ao simular a parte do canto (μέλος), omitia a nete (mi 2), o que se compreende muito bem, pois o aulo só dispunha de quatro furos, mais o bordão (hípata).

À época clássica (século v), não há dúvida de que o fracionamento do semitom foi habitual nos dois tetracordes, e isso tanto na música vocal quanto na instrumental, na música da lira e na aulética. Temos um exemplo quase certo[20] no fragmento de um coro do *Orestes* de Eurípides (408 a.C.), conservado por um papiro da coleção do arquiduque Rénier:

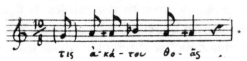

O gênero enarmônico integral, apesar de sua bizarrice, esteve em voga no século v. Concentrou a atenção de todas as escolas de harmonistas e esteve na base do sistema de notação. Contaminou os outros dois gêneros que, frequentemente, lhe tomaram emprestado seu último intervalo ao grave. Ao contrário, no século IV caiu em descrédito tão rápido quanto profundo. Na época de Aristóxeno, certos amadores "vomitavam a bile" quando ouviam uma ária enarmônica. Alguns bons espíritos contestavam mesmo seu direito à existência, já que seus pequenos intervalos, não podendo ser obtidos por encadeamentos de consonâncias, não eram suscetíveis de uma entonação segura: uma observação exata, mas que haveria de excluir igualmente várias "nuanças de acorde", usadas com frequência nos dois outros gêneros. Banida desde então da prática musical, nem por isso a enarmônica deixou de arrastar durante séculos, no ensino e na teoria, uma existência factícia, dando aos modernos a ilusão de uma importância real.

Os estetas lhe atribuem toda sorte de características, mais ou menos imaginárias[21], das quais a única a ser retida é que o gênero

---

20 Certos críticos interpretaram esse fragmento no gênero cromático (cuja notação não se diferencia praticamente daquela do enarmônico). Mas sabemos (Plutarco, *De Mus.* 187) que o gênero cromático permanecera banido da tragédia, apesar da tentativa de Agatão (*Quaest.* Conv. III, 1). Se Eurípides houvesse seguido o exemplo de seu jovem rival, isso seria sabido.

* Para o esclarecimento do leitor, inseriremos, sempre que possível, a tradução aproximada dos trechos musicais, acompanhada da divisão silábica que os textos originais apresentam. No caso acima: *tis a-ka-tou tho-ās*, "algo/alguém de um barco célere" (N. da E.).

21 Por exemplo, a de revigorar a alma, ao passo que o cromático a enfraquece (Plutarco, *Non posse suaviter*, c. 13).

enarmônico é o mais artificial, o mais refinado e o mais difícil de ser executado.

O outro gênero *picno*, o cromático, extrai sua origem não mais da aulética, mas da prática dos instrumentos de corda. Ele aparece na citarodia desde o século VI, com um certo Lisandro de Sicione. No século V, a lírica coral o rejeita e, apesar da tentativa de Agatão, ele não pode aclimatar-se na tragédia. Mas o ditirambo e o nomo citaródico (solo de concerto) o acolhe favoravelmente. No século IV, embora ainda acossado por anátemas de certos músicos conservadores, suplanta o enarmônico já em desuso.

Todavia, o cromático raramente era empregado em estado puro; servia, como seu nome o indica, para colorir ou variar a trama um pouco monótona da melodia diatônica. Assim, quando se emprega o cromático misturado ao diatônico, ele ocupa, em princípio, o tetracorde superior da oitava modal: por exemplo, nos *tropica* de Ptolomeu[22] e na segunda repetição do primeiro hino délfico[23].

O cromático grego, procedendo por pequenos intervalos conjuntos, não é angustiante e patético como o cromático moderno, mas, antes, docemente langoroso e acariciante, como podemos nos assegurar pelo belo exemplo do primeiro hino délfico.

Nuanças

As definições que demos acima dos três gêneros de progressão melódica não os representam a não ser *grosso modo*. Na prática, o refinamento anárquico dos músicos gregos havia imaginado, para os sons móveis de cada gênero, muitas variedades de entonação, designadas pelo nome de *nuanças* (χροαί). Cada escola possuía suas nuanças preferidas. É desse modo que Aristóxeno conhecia, dentro do gênero diatônico, ao

---

22 *Harm.* II, 15.

23 No entanto, perto do fim desta mesma repetição (segunda frase, λιγὺ δὲ λωτὸς etc.), o cromático aparece no grave da oitava sob a forma

quer dizer, com o *picno* em agudo. É muito arriscado representar esse tetracorde, como se fez, sob o tipo *sol-lá bemol-si-ut* (neocromático moderno), pois o sol não figura uma só vez na frase.

lado do tetracorde diatônico normal ou *contraído* (σύντονον), assim dividido do agudo ao grave: tom – tom – semitom, um diatônico *bemol* (μαλακόν)[24], inventado, ao que parece, por Polimnesto de Cólofon, e que ele exprime por intervalos aproximativos:

5/4 de tom – 3/4 – 1/2.

Da mesma maneira, ao lado do cromático *toniado* (τονιαῖον)

1 1/2 tom – 1/2 – 1/2

ele admite o cromático *bemol* (μαλακόν)

1 5/6 de tom – 1/3 – 1/3

e um cromático médio ou *sesquiáltero* (ἡμιόλιον)

1 3/4 de tom – 3/8 – 3/8.

Na época de Ptolomeu, o cromático bemol é quase o único em uso.

O próprio enarmônico comportava não propriamente nuanças definidas, mas, conforme as escolas, ligeiríssimas diferenças de entonação. Aristóxeno nos informa que em seu tempo, sob a influência do cromático, alargava-se usualmente seu segundo intervalo para o agudo.

A prática conhecia oitavas mistas, tendo, por exemplo, o cromático bemol no tetracorde agudo, e o diatônico toniado no grave. Aristóxeno vai ainda mais longe: ele admite *nuanças mistas* no seio de um só e mesmo tetracorde; por exemplo, o acoplamento de uma parípata cromática bemol (mi mais 1/3) com uma lícanos diatônica (sol), ou ainda com uma lícanos cromática toniada (fá diese). A única condição que exige é que o segundo intervalo do tetracorde, a contar do agudo, seja sempre, ao menos, igual ao terceiro; mas mesmo essa regra não era, de fato, sempre observada.

* * *

Para a determinação das nuanças, Aristóxeno e sua escola se contentavam com aproximações bastante grosseiras, avaliando os intervalos em tons e frações de tom. Na realidade, e apesar de seus princípios conservadores, o grande musicólogo de Tarento orientava-se em direção a um sistema musical que fizesse uso apenas de

---

24 Os dois primeiros intervalos parecem ter tido nomes especiais (ἔκλυσις, ἐκβολή).

intervalos determináveis por encadeamentos de consonâncias, quer dizer, composto de tons e semitons. No entanto, sabe-se que a cadeia dos sons obtidos por consonâncias jamais se conclui; conduzindo-se as coisas de forma rigorosa, chegou-se a uma série ilimitada de sons, em ambos os sentidos, prestando-se muito dificilmente a modulações. Por consequência, Aristóxeno, não contente em afastar as mensurações das cordas, fornece um temperamento às exigências do ouvido: ele postula, implicitamente, um acorde da lira idêntico àquele de nossa gama temperada (introduzida no século XVI), isto é, que divide a oitava em doze "semitons" sensivelmente iguais. A prova desse fato resulta, notadamente, de uma passagem célebre[25] em que, após ter subtraído da quarta lá-ré uma terça maior, de uma parte para o agudo, e de outra para o grave – o que determina nossos sons si bemol e ut diese –, Aristóxeno afirma que a quarta aguda do primeiro desses sons, ou seja, o mi bemol, consona a quinta justa com a quarta grave do segundo, ou seja, o sol diese.

Em outros termos, ele identifica, como nós o fazemos no piano, os sons sol diese e lá bemol. Esse sistema, que falseia ligeiramente as consonâncias de quarta e de quinta, tem a imensa vantagem de reduzir o número de cordas de um instrumento e de tornar possíveis as modulações ditas atualmente "enarmônicas".

Em oposição aos "harmonicistas" propriamente ditos, toda uma escola de eruditos, saída do ensino de Pitágoras, agarrava-se em calcular exatamente o valor matemático real dos intervalos. É verdade que os "canonistas" não possuíam qualquer meio para medir diretamente as velocidades de vibração, como o fazemos, mas mediam os comprimentos das cordas com a ajuda de um monocórdio ou cânon, correspondentes aos sons produzidos; e haviam intuído

---

25 *Harm.* p. 56, Meib.

que, supondo-se todos os elementos sem alteração[26], as velocidades vibratórias são inversamente proporcionais aos comprimentos da corda, quer dizer, tanto mais rápidas quanto mais agudo é o som.

Coisa curiosa: nas frações pelas quais eles exprimiam numericamente os intervalos musicais, a cifra mais forte corresponde à nota mais aguda, ao passo que, se a relação visava os comprimentos de cordas, deveria ser o contrário. Eles determinaram, assim, para os quatro sons fixos do octacorde helênico (por exemplo, mi, lá, si, mi) os números 6-8-9-12; é a "proporção harmônica" cuja descoberta os encheu de entusiasmo e que eles não demoraram a transportar da terra ao céu. Estabeleceram para os principais intervalos as relações matemáticas seguintes: oitava, 2/1; quinta justa, 3/2; quarta justa, 4/3; terça maior, 5/4; terça menor, 6/5; tom, 9/8. Obviamente, o semitom, no sentido de Aristóxeno, não existe para esta escola. Subtraindo da quarta justa (4/3) dois tons normais (9/8)[27], obtinham um intervalo de 256/243, dito *lima* (λεῖμμα, resto); esse intervalo, subtraído do tom normal, deixa uma diferença de 2187/2048, que chamavam de *apôtoma* (ἀποτομή), sensivelmente maior que o *lima*. É, caso se queira, o semitom maior.

Foi partindo dessas pesquisas que músicos haviam formulado, em frações precisas, os intervalos sucessivos do tetracorde, isto é, as "nuanças de acorde" que preconizavam em cada gênero. O quadro seguinte, que, sem dúvida, não é completo, dará uma ideia da extrema diversidade dos sistemas que foram não apenas propostos a esse respeito, mas praticados nas escolas de música grega depois do século IV antes de nossa era até o século II[28].

---

26 Quer dizer, se as cordas tiverem a mesma espessura, a mesma densidade e a mesma tensão. A fórmula que dá o número n de vibrações por segundo vem expressa pela relação $n = \frac{1}{2Rl}\sqrt{\frac{gP}{\pi D}}$, na qual R designa o raio da corda, l seu comprimento, d sua densidade, P o peso de tensão, g a aceleração devida à gravidade, durante um segundo.

27 Lembremos que a soma de dois intervalos obtém-se multiplicando entre si as frações que as exprimem; a subtração, dividindo-as.

28 Pode-se observar que a maior parte dos canonistas não admite como intervalos legítimos da gama senão frações da forma $\frac{n+1}{n}$ (ἐπίμοροι, *epimoroi*). Os pitagóricos aplicavam a mesma exigência às consonâncias (exceto àquelas expressas por número inteiro), o que os levou a excluir do número das consonâncias a décima-primeira (oitava + quarta justa = 8/3).

QUADRO DAS NUANÇAS DE ACORDE
DO TETRACORDE HELÊNICO
(do agudo ao grave)

I. Diatônico

1. Diatônico médio (ou toniado) de Arquitas	9/8	8/7	28/27
2. Diatônico synton (tensionado)	10/9	9/8	16/15
3. Diatônico bemol	8/7	10/9	21/20
4. Diatônico ditônico de Eratóstenes	9/8	9/8	256/243
5. Diatônico de Dídimo	9/8	10/9	16/15
6. Diatônico igual de Ptolomeu[29]	10/9	11/10	12/11

II. Cromático

1. Arquitas	32/27	243/224	28/27
2. Eratóstenes	6/5	19/18	20/19
3. Dídimo	6/5	25/24	16/15
4. Cromático synton (tensionado)	7/6	12/11	22/21
5. Cromático bemol	6/5	15/14	28/27

III. Enarmônico

1. Arquitas	5/4	36/35[30]	28/27
2. Eratóstenes	19/15	39/38	40/39
3. Dídimo	5/4	31/30	32/31
4. Ptolomeu	5/4	24/23	46/45

Os pontos mais notáveis nesse quadro, além da presença reiterada da terça maior verdadeira $(5/4)$[31], é que, nas três fórmulas de Arquitas, o intervalo para o grave do tetracorde é o mesmo nos três gêneros; disso se deve concluir que, na prática de sua época (primeira metade do quarto século), o degrau característico do gênero enarmônico

---

29 ὁμαλόν. É um monstro harmônico, apesar do que diga seu inventor.
30 Violando o princípio de Aristóxeno, p. 46-47, supra.
31 Por exemplo, os números I, 2 (10/9 + 9/8); II, 3 e todas as fórmulas do enarmônico, salvo a de Eratóstenes.

(mi + 1/4, aproximadamente) servia, com frequência, de "parípata" para os dois outros gêneros igualmente. Esta identidade traduziu-se na notação dos tons e ali se conservou mesmo quando depois a parípata enarmônica estava abandonada, sobrevivendo no cromático e no diatônico. É um motivo para se acreditar que a fixação, senão a invenção, do sistema de notação deveu-se a Arquitas ou ao seu círculo.

Modos[32]

A arte grega da época clássica é um rio onde se misturam correntes de proveniências muito diversas: umas fornecidas pelas variadas raças de que se compunha a nação helênica; outras, ainda, pelos povos asiáticos que entraram na órbita de sua cultura. Em nenhum lugar esse caráter sintético da arte grega melhor se identifica do que no sistema dos *modos* musicais.

As melodias gregas, sobretudo as melodias populares, mantinham-se geralmente (ao menos quanto à parte essencial) dentro dos limites de uma oitava; é o mesmo percurso, já se viu, da lira primitiva. Consideremos, para fixar as ideias, o gênero diatônico. Na escala musical dos gregos, tal como a descrevemos acima, toda oitava diatônica se compõe, necessariamente, de cinco tons e de dois semitons. Resta saber a ordem na qual se sucedem os tons e semitons: é o que caracteriza o *modo* ou, como diziam os gregos, a *harmonia*[33] (ἁρμονία, quer dizer, a "combinação") da oitava considerada.

É fácil ver que num cordame composto de uma sucessão de tetracordes helênicos, como é o sistema perfeito, só há sete maneiras de dispor esses sete intervalos: eles se realizam, como diz Aristóxeno[34], pela "permutação rotativa"*.

---

32 Mountford, Greek Music and its Relation to Modern Times, *Journal of Hellenic Studies*, 1920; D.B. Monro, *The Modes of Ancient Greek Music*, 1894.

33 Encontram-se também os termos: τόνος [*tonos*], σύστημα [*sustēma*], εἶδος [*eidos*], ὀκταχόρδον [*octacordon*]; nunca ἦχος [*ēchos*], termo bizantino.

34 *Harm.* p. 6, Meib.: τῇ περιφορᾷ τῶν διαστημάτων.

* No original, *permutation tournante* (N. da T.).

Como ponto de partida, tomemos o octacorde central do sistema transcrito em nossa escala sem acidentes (mi¹-mi²); se se toma sucessivamente por "primeira" (nota inicial no grave) as notas mi, fá, sol... ré, relacionando com a aguda os intervalos ausentes no grave, serão obtidas as sete combinações seguintes, que bem representam as únicas oitavas modais possíveis no "gênero diatônico":

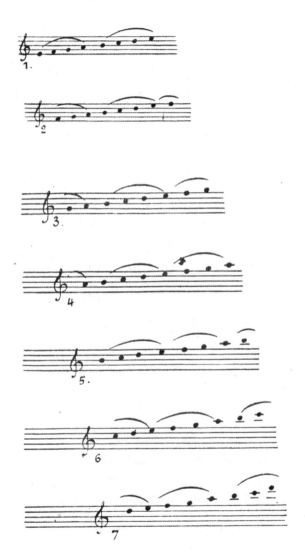

Pode-se proceder da mesma maneira com os gêneros picnos. Por exemplo, para o cromático, partiremos de novo do octacorde central, mas desta vez, bem entendido, com os sons móveis dos tetracordes combinados cromaticamente:

Tomando-se agora sucessivamente como primas ou fundamentais a segunda, a terceira e a quarta notas desse octacorde, serão obtidas as oitavas modais cromáticas abaixo, correspondentes às oitavas diatônicas que trazem os mesmos números:

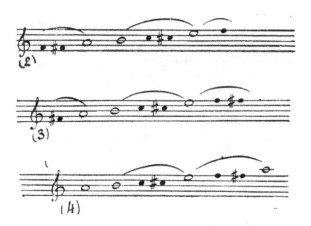

e assim sucessivamente.

Deixo ao leitor o cuidado de proceder à mesma operação para o gênero enarmônico.

Não é preciso dizer que o caráter de uma oitava modal é independente da altura absoluta na qual é executada[35]: tal caráter só depende da ordem de sucessão dos intervalos que a compõem. É assim que a oitava "dórica" diatônica (nº 1) que transcrevi, para maior simplicidade, na

---

35 O que não quer dizer que, primitivamente, cada modo não tenha tido sua escala (ou escalas) de transposição favorita.

escala sem acidentes, partindo de mi¹, poderia igualmente ser escrita partindo-se de sol¹, uma terça menor mais alto:

Inversamente, todas as outras oitavas poderiam ser transcritas partindo-se de mi¹, com a condição de empregar suas notas (ou a clave) dos acidentes necessários para reproduzir a série característica de seus intervalos; por exemplo, a oitava número 4 se tornará:

Eis aí, pois, sobre o cordame helênico, as únicas formas possíveis que podem utilizar a oitava modal. Agora, essas formas foram realmente usadas? Em teoria, pode-se responder afirmativamente. Os manuais da época helênica ou romana, entre os quais o de Cleônida, que remonta diretamente aos ensinamentos de Aristóxeno, conservaram-nos a descrição e o diagrama dos sete "modos", nos três gêneros, com os nomes tradicionais que lhes eram atribuídos: esses sete modos correspondem, exatamente, àqueles que obtivemos acima pela permutação circular dos intervalos do octacorde dórico. O quadro anexo I (adiante) nos dispensa de entrar em detalhes de sua estrutura.

Essa constituição definitiva dos sete modos clássicos foi obra das escolas dos harmonicistas: Aristóxeno reconhece, com muita má vontade, o mérito de seu predecessor Erátocles[36]. Mas os próprios modos, ou ao menos alguns dentre eles, recuam a uma data bem anterior. Tal é, certamente, o caso de três modos às vezes chamados fundamentais ou primitivos: dórico (oitava de mi em escala sem

---

[36] *Harm.* p. 6, Meib. Mas Erátocles só havia elaborado o quadro dos sete octacordes em um só gênero (καθ' ἓν γένος). Não sabemos se se trata do diatônico ou do enarmônico.

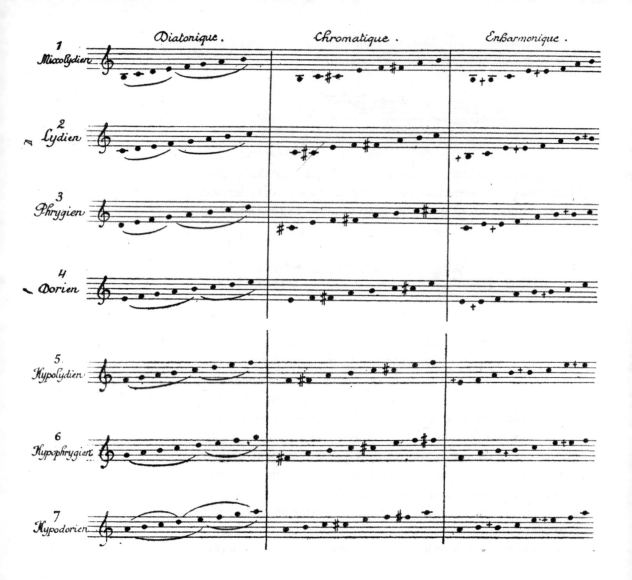

Quadro I.

tradução dos termos:

[colunas] diatônica; cromática; enarmônica

[linhas] 1. mixolídio; 2. lídio; 3. frígio; 4. dório; 5. hipolídio; 6. hipofrígio; 7. hipodórico

acidentes), frígio (ré) e lídio (ut). Seus nomes indicam a origem nacional e deve-se observar que, dos três modos fundamentais, dois são de proveniência oriental. Quanto aos quatro outros modos, suas origens são muito diversas. O modo *hipodórico*, segundo o testemunho explícito de Heráclides do Ponto (século IV)[37], não é senão um novo nome para o modo eólico, isto é, uma gama nacional praticada igualmente, em toda a Antiguidade, por uma das grandes tribos helênicas. O modo *hipolídio* teria sido inventado pelo velho cantor Polimnesto de Cólofon, no começo do século VI[38]. O modo *hipofrígio*, conforme uma conjectura verossímil de Boeckh[39], é idêntico ao antigo modo *iastieno* (provavelmente a variedade dita *síntono-iastieno*), quer dizer, ao modo nacional das tribos jônicas. Enfim, o modo *mixolídio*, ao menos sob a forma que lhe dão os manuais, passava como criação do ateniense Lamproclés, no começo do século V[40].

*   *   *

Resta saber se os sete modos clássicos apresentavam, desde a origem, a figura, a sucessão de intervalos que lhes atribuíam os manuais greco-romanos.

A priori, nada menos verossímil. O cordame, "o sistema perfeito" dos teóricos gregos, saiu, manifestamente, do desenvolvimento da lira dórica. Como admitir que não apenas todas as tribos helênicas (eólicas, jônicas etc), mas ainda os povos bárbaros, tais como os frígios e os lídios, fossem, de alguma forma, fornecer a palavra para que suas oitavas nacionais pudessem se destacar nessa escala, tomando por primas* ou fundamentais as notas sucessivas do octacorde dórico? Tanta simetria cheira a artifício, a uma remodelagem doutrinal.

Aliás, nesse sentido, não faltam testemunhos positivos.

---

37 Ateneu, XIV, 625 B.

38 Plutarco, *De musica*, c. 29 (τόν ὑπολύδιον νῦν ὀνομαζόμενον τόνον). Esse modo, portanto, carregava na origem um outro nome. Supôs-se tratar-se da *calarolidista* (lídio frouxo), mas a invenção desta é atribuída a Damon, por volta de 450 (Plutarco, idem, c. 16).

39 *De metris Pindari*, p. 227.

40 Plutarco, *De musica*, c. 16.

  * Notas geradoras das séries (N. da T.).

A invenção primeira do modo mixolídio remontava a Terpandro, segundo alguns, ou a Safo, segundo outros[41]. Em todo caso, à escola lésbia, de quem os trágicos o emprestaram. "Mais tarde, diz Plutarco, Lâmprocles, o Ateniense, tendo reconhecido que esse modo não possui o tom disjuntivo ali onde quase todos acreditavam, mas no agudo, deu-lhe a figura atualmente em uso, que vai, por exemplo, da *paramesē* (si^2) à hípata das hípatas (si^1)". É dizer, bem claramente, que o *esquema* primitivo do modo mixolídio diferia daquele dos manuais e só esse esquema primitivo (para nós desconhecido) é que poderia nos explicar o nome desse modo ("mistura do lídio com o dórico"), que sua constituição clássica não explica.

Paralelamente, o musicógrafo Aristides Quintiliano deixou-nos, segundo fonte desconhecida, a descrição e o diagrama, no gênero enarmônico, de seis modos "tais como os praticavam os muito, muito antigos"[42] (quadro 1). Ora, entre os seis modos, quatro (dórico, frígio, lídio e mixolídio) são homônimos daqueles dos manuais, mas, salvo para o dórico, nenhum dos diagramas de Aristides Quintiliano, como se pode constatar pelo quadro 2, concorda com as descrições daqueles lá; ali se encontram até mesmo anomalias melódicas, rigorosamente proibidas pela doutrina de Aristóxeno.

* * *

Uma conclusão se impõe: os modos gregos e os modos bárbaros, adotados pelos gregos, formaram-se isolada e espontaneamente, e tiveram que tomar a forma dos tipos bem variados, irredutíveis ao cordame da lira dórica, a qual se tornou, pouco a pouco, o cordame pan-helênico. Na época de maior florescimento da música modal, nos séculos VI e V, tais tipos eram, aliás, mais numerosos do que sete, número máximo das combinações que comporta o octacorde submetido aos princípios da progressão helênica. À medida que a arte

---

41 Terpandro, segundo Plutarco, *De musica*, c. 28; Safo, idem, c. 16.

42 οἱ πάνυ παλαιότατοι, Aristides Quintiliano p. 21, Meib. Como certas gamas modais supõem uma lira de nove cordas, o documento copiado por Aristides não retroage além do ano 450, aproximadamente.

Quadro II

e a civilização gregas se unificavam, certos modos foram adaptados ao cordame da lira helênica[43], graças a pequenas modificações de sua estrutura, conservando uma fisionomia distintiva; alguns adotaram novos nomes, indicando seu parentesco com um dos três modos fundamentais; o resto foi eliminado. É assim que, a partir de Aristóxeno, não se trata mais do modo lócrio[44] (atribuído a Xenócrates de Locres); desse modo desaparece a distinção entre as variedades *tensionadas* e *relaxadas*, sobre as quais os estetas do século v insistiam e que se distinguiam nos modos *iaestieno* e *lídio*[45].

Em suma, ali ocorreu um *processo* bastante análogo ao trabalho de atenuação e de aticização que tiveram de sofrer os dialetos jônico e dórico, um para se tornar a prosa ática, o outro para obter o direito de cidadania nos coros da tragédia ateniense.

O processo de simplificação não se deteve ali. Se os sete modos clássicos continuam a alinhar, até o fim da Antiguidade, seus diagramas bem simétricos nos manuais ortodoxos, vários dentre eles não tardaram em cair praticamente no desuso. Já nas informações que possuímos sobre algumas partituras do século iv, não se trata mais do lídio nem do hipolídio. Restam os grupos dórico (o próprio dórico, hipodórico, mixolídio novo) e frígio (o próprio frígio, o hipofrígio). Mas, desde os tempos de Aristóteles, certos teóricos, levando a redução ao extremo, não admitem mais que duas "harmonias" verdadeiramente distintas: a *dorista* e a *frigista*, das quais as outras não seriam senão modificações[46].

---

43 Sobretudo tendo em vista permitir as modulações modais no curso de uma mesma composição, sem ter de reencordoar a lira. Ainda no século v, essas modulações exigiam um artifício, como o tripé citárico de Pitágoras de Zante (Artemon apud Ateneu, 637 C).

44 É por um artifício de nomenclatura que os manuais dão esse nome como sinônimo do modo hipodórico ou "comum".

45 O iastieno tensionado (síntono-iastieno) pôde sobreviver sob o nome de hipofrígio; o lídio relaxado (*caraloridista*) sob o de hipolídio. O iaestieno relaxado e o lídio tensionado (sintonolidista, diagrama incompleto em Aristides Quintiliano) parecem ter desaparecido inteiramente.

Não abordarei aqui a questão, muito obscura, daquilo que é preciso entender exatamente pelos termos *tensionado* [*tendu*] e *relaxado* [*relâché*].

46 Aristóteles, *Política*, iv, 3.

Quadro III

Já é quase a classificação moderna em maior e menor. Se essa doutrina não prevalece em teoria, na prática vemos por Ptolomeu que em seu tempo, isto é, no século II[47] de nossa era, os únicos modos ainda em uso no ramo mais vivo da arte, a citarística, eram o dórico, o hipodórico, o frígio e o hipofrígio: o próprio mixolídio havia, assim, desaparecido (ver quadro III).

---

[47] Harm. II, 16.

* * *

Para o sentimento musical moderno, um modo não é suficientemente definido pela ordem de sucessão dos intervalos que compõem sua oitava geratriz. É preciso ainda que, nessa oitava, exista um som principal, uma nota matriz, à qual os demais sons, ligados entre si por relações constantes, estejam subordinados, melódica e harmonicamente: é o que nós chamamos *tônica*. No solfejo moderno, a oitava modal *começa* e *termina* pela tônica e por sua réplica à oitava. É assim que, na escala "natural", o modo maior tem por fórmula ut-ut, e o modo menor, a oitava lá-lá. Ut e lá são, respectivamente, as tônicas do maior e do menor, sem acidentes. A tônica está em consonância (do ponto de vista moderno) com todas as notas da oitava, salvo com a segunda e a sétima: constitui com a mediante (terça) e a dominante (quinta) o acorde perfeito, maior ou menor, característico da harmonia modal.

O retorno frequente da tônica, na harmonia ou na melodia, serve para afirmar o caráter modal de uma ária, e é ordinariamente sobre a tônica que se opera a cadência final da melodia.

Há razões para crer que os antigos tenham atribuído a *uma* das notas de suas oitavas um papel análogo ao da nossa tônica, ao menos sob certos aspectos; na verdade, desde que o percurso das melodias exceda a oitava, não se pode mais conceber a noção do modo sem a existência de uma nota diretora desse gênero. Textos de Aristóteles e de sua escola não deixam, aliás, qualquer dúvida a esse respeito. Eles nos dizem que o acorde da lira (octacorde), regula-se pela *mesē*: para cada corda, a entonação exata consiste em manter com a *mesē* uma determinada relação; quando esta aqui se encontra descoordenada, todo o instrumento soa em falso. A *mesē* não é apenas "o princípio" da harmonia, o elo entre os sons; ela é também o som dirigente (ἡγεμών) da melodia. Em toda canção bem composta, a *mesē* retorna com frequência; quando a melodia dela se afasta, se apressa a ela voltar[48].

48 Aristóteles, *Prob.*, XIX, 20, 33, 36; *Política*, I, 5, 1254a; *Metafísica*, IV, II, 5, p. 1018b; Plutarco, *De musica*, c.11, § 112 Weil-Reinach.

Embora tais aforismos sejam concebidos em termos gerais, resulta desse contexto que eles têm, expressamente, como alvo a *lira dórica*, o octacorde dórico, onde a corda central da lira ocupa o quarto lugar a partir do grave. Tudo o que se pode *afirmar*, desde então, é que nas melodias compostas no modo dórico, por exemplo sob a figura

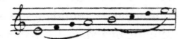

o som mais agudo do tetracorde inferior (lá) é aquele em torno do qual "gira" a melodia, aquele cujas relações com as outras notas da canção nela imprimem seu caráter distintivo. Desempenha, em outros termos, o papel melódico de uma tônica, ou senão o papel propriamente harmônico de nossa tônica, como geradora do acorde *simultâneo*[49] de três sons, que permaneceu desconhecido da música grega.

A análise dos restos da melopeia dórica, em particular os do primeiro hino délfico, confirma inteiramente essa conclusão. A oitava modal possui, seguramente, esta forma:

e é bem ao redor da nota central ut, da *mesē* dórica, várias vezes repetida, que a melodia ondula. Disso resulta que, para se comparar a gama dórica com uma gama moderna, é necessário tomar por ponto de partida da oitava modal antiga não a primeira, mas a quarta. A oitava dórica reveste-se então, na escala sem acidentes, da figura

---

49 É preciso insistir no termo *simultâneo*, pois a noção *latente* do acorde perfeito modal não é estranho à arte grega, caso se visualize esse acorde em seus elementos melódicos sucessivos. É assim que, na parte diatônica do primeiro hino délfico (tônica ut), as cadências melódicas se operam sobre as notas ut, mi bemol e sol, isto é, sobre os três sons do acorde perfeito da tônica.

quer dizer, aquela da nossa gama menor de lá, *sem sensível*, tal como se executa frequentemente descendo. Em outras palavras, a nota inicial da oitava dórica (mi) é uma dominante, não uma tônica.

Não é de se admirar o fato de que os antigos, no diagrama da oitava modal dórica, tenham colocado a tônica no meio, ao invés de pô-la em evidência numa das extremidades. Assim agindo, conformaram-se com a realidade *melódica*. Com efeito, nas cantilenas antigas, como num grande número de nossas canções populares (ver quadro IV), contidas nos limites de uma oitava, o desenho melódico gravita em torno da tônica como centro, e tem por polos a dominante e sua réplica. O diagrama antigo traduz exatamente esse esquema melódico: em suma, ele é a imagem fiel do cordame da lira octacorde, afinada para a execução de uma melodia simples, de tipo determinado.

Se tivermos em mira outros modos além do dórico, a questão da tônica se torna mais obscura. No entanto, a analogia nos permite acreditar: primeiro, que tais modos comportavam igualmente uma nota diretora; segundo, que esta nota *podia* encontrar-se na extremidade, mas próxima ao centro da oitava modal. Para além disso, estamos no domínio da hipótese, e aqui não é o lugar de se abordar a análise detalhada dos fragmentos subsistentes do modo extra dórico, para determinar a colocação provável da tônica nas diversas oitavas modais[50].

---

50 Algumas vezes nos apoiamos em uma passagem de Gaudêncio (c. 19, p. 346 Jan), com evidente origem em Aristóxeno, na qual as sete oitavas modais estão decompostas, cada uma em uma quarta (de composição variável) e uma quinta (de tipo igualmente variável): o ponto de união dessa quarta e da quinta representaria a tônica. Creio, com efeito, que, num certo número de casos, é bem assim, mas é efeito do acaso, e a divisão indicada por Gaudêncio não se inspira na tônica; ela me parece uma receita puramente mecânica para construir as sete oitavas. A prova disso está em que, para a oitava dórica, Gaudêncio indica a divisão mi-si-mi, que colocaria a tônica no si (o que é, manifestamente, absurdo) e que, para a oitava hipodórica, ele deixa a escolha entre as divisões lá-mi-lá e lá-ré-lá.

Quadro IV
Exemplos de canções populares francesas

Para essa determinação, não será suficiente procurar a nota sobre a qual *terminam* as melodias compostas em cada modo. Na verdade, a questão da cadência terminal havia preocupado os antigos, mas essa parte do ensino não se conservou. E entre as características assinaladas pelos antigos para a *mesē*, não figura o privilégio exclusivo de finalizar a melodia. O princípio moderno (sujeito, aliás, a exceções), que quer que a cadência *final* se opere sobre a tônica, foi enunciado pela primeira vez por Guy d'Arezzo.

De outro lado, a maior parte das melodias antigas subsistentes perdeu sua conclusão. No entanto, é possível admitir, conforme os exemplos nos quais elas subsistem, que a cadência final se operaria preferencialmente sobre a inicial da oitava, ou sobre uma das duas notas centrais.

* * *

Os críticos antigos, depois de Damon, argumentaram, e mesmo contra-argumentaram muitas vezes, sobre o que eles chamam o *ēthos* dos modos, isto é, sua marca expressiva e sua ação sobre o moral. Tais especulações, já ridicularizadas pelo sofista Hípias, devem ser acolhidas com bastante reserva.

Primeiro, porque nos é impossível distinguir, dentro das características do *ēthos* modal, o que deve ser atribuído à própria estrutura da oitava modal e o que resulta, em realidade, do estilo tradicional das composições de que esse modo se reveste. É assim que Heráclides do Ponto nos diz que o modo iastieno possuía, *na origem*, um caráter rude, austero e selvagem e que, em seguida, derivou para o langoroso e embriagante: ele não diz que o intervalo da estrutura da oitava iaestiena tenha sido modificado no que quer que seja.

Segundo, porque diversas definições *éticas* que nos chegaram se aplicam tanto a modos desaparecidos inteiramente na época helenística quanto aos modos antigos que mudaram de nome e cuja identificação é mais ou menos incerta; seja, enfim, quanto aos modos cuja estrutura foi modificada após essas definições (exemplo: o mixolídio).

Com o beneplácito dessas observações, reúno no quadro seguinte, a título de curiosidade, o que os textos nos ensinam. Em primeiro lugar, sobre o *ēthos* dos diferentes modos; em segundo, sobre o gênero de composição musical em que cada um deles era normalmente empregado.

NOME DO MODO	CARÁTER (*ĒTHOS*)	EMPREGO
Dórico	viril, grave, majestoso, belicoso e educativo; conduz a alma ao justo meio.	litúrgicos, lírica apolínea; coros e temas trágicos; citarística; canções de beber, canções eróticas.
Hipodórico[51]	estável e majestoso, porém mais ativo que o dórico. Nobre e faustoso.	nomo* citaródico; lírica apolínea; monodias trágicas; ditirambo.
Mixolídio	patético[52].	coros trágicos; nomo citaródico.
Frígio	agitado, entusiasta, báquico.	música de aulo, ditirambo; tragédia, citarística.
Hipofrígio	análogo ao frígio, porém mais "ativo".	escólio, aulética, monodias trágicas, ditirambo, citarística.
Lídio	dolente, fúnebre; decente e educativo (Aristóteles).	lírica apolínea; tragédia, aulética.
Hipolídio[53]	dissoluto, relaxado, voluptuoso.	aulodia.

51 Admitindo, com Heráclides, a identidade do hipodórico com o eólico.

* Nomo, do grego *nomos/ou*, lei, mas designando canto em homenagem a Apolo ou Atena, como o ditirambo o era em homenagem a Dioniso (N. da T.).

52 Eurípides considerou rude um coreuta que se pôs a rir durante um trecho mixolídio.

53 Admitindo sua identidade seja com a caraloridista, seja com o iastieno.

Tons ou Escalas de Transposição

Entende-se hoje por *tom* ou *escala de transposição* a altura relativa na qual se executa uma melodia ou, mais precisamente, o grau da escala geral dos sons sobre o qual está posta sua oitava e, por conseguinte, a entonação que esta aqui adquire. Na última fase da teoria musical antiga, a concepção de escala de transposição (τόνος, τρόπος) é quase a mesma. Somente os gregos, mantendo-se, como em tudo, mais perto da realidade, tomam por objeto da transposição não a oitava modal abstrata, mas o cordame inteiro da lira (sistema perfeito), que, na época em questão, compreendia, como já se viu, duas oitavas "hipodóricas".

Supondo-se que o som mais grave da escala geral de tons seja fá, dividamos a oitava fá^1-fá^2 em semitons e tomemos cada um dos graus assim obtidos como origem de uma dupla oitava que reproduza a série dos intervalos do "sistema perfeito": obtemos uma sucessão de doze escalas de transposição, sendo que a mais grave parte do fá^1 e a mais aguda do mi^1. Essas doze escalas correspondem exatamente aos nossos quinze tons, definitivamente constituídos por Bach, dedução feita de três tons modernos que, num instrumento temperado, fazem um emprego duplo com outros[54]. Ao contrário, por razões de simetria, os harmonistas gregos acrescentaram ao agudo do sistema três tons suplementares (nº 13-15), que não fazem senão repetir, na oitava superior, os três tons mais graves (nº 1-3). Por isso, o número total dos tons encontra-se elevado a quinze, como entre nós, e divididos em três grupos: o grupo central (6-10), cujas escalas trazem nomes emprestados (veremos como) dos modos clássicos ou arcaicos: dórico, iaestieno, frígio, eólico, lídio; o grupo grave (1-5), cujas escalas trazem, na mesma ordem, os nomes precedentes, mas com o sufixo *hipo*; e o grupo agudo (11-15), com os nomes precedidos do sufixo *hiper*[55].

---

54 Ut bemol (sete bemóis) com si natural (cinco dieses), fá diese (seis dieses) com sol bemol (seis bemóis), ut diese (sete dieses) com ré bemol (cinco bemóis).

55 Vê-se que na época em que foi definitivamente constituído o diagrama dos tons, as palavras *hipo* e *hiper* haviam adquirido o sentido de "para o grave" e "para o agudo" (como, entre nós, "abaixo" e "acima").

O quadro v resume o sistema geral dos quinze tons antigos no gênero diatônico. Cada uma dessas escalas perfeitas pode também adaptar-se aos gêneros cromático ou enarmônico (o que só afetará a entonação dos sons móveis, figurados em negro): obtém-se assim um total de 45 "tons" (ou maneiras de afinar a lira pentadecacorde). Adicionemos que, na prática, assim como se disse antes, o tetracorde conjunto (por exemplo, no quinto tom, lá, si bemol, ut, ré), embora emprestado ao tom "relativo", era considerado como fazendo parte integrante da escala tonal; esta aqui contava, em princípio, com dezoito sons diferentes[56].

Quadro V.

I. Grupo grave; II Grupo médio; III. Grupo agudo.
Os sons fixos são designados por semibreves [rondes]; a mesē, por uma mínima [blanche].

---

[56] Todavia, na diatônica, os sons 3 e 4 do tetracorde conjunto, e no cromático toniado, o som 3, são homotônicos de sons normais e, nas liras comuns, sem dúvida não estavam representados por cordas distintas.

Esse sistema, simétrico e completo, não foi alcançado num primeiro momento. Na origem, pode-se dizer que a noção moderna de "tom" não existia entre os gregos: ela se confundia com a de "modo", ou só era um dos aspectos do modo.

Coloquemo-nos no século v antes de Cristo. A música grega era, então, sobretudo vocal e, especialmente, coral. Para a segurança da execução, procurava-se trazer todas as melodias para a oitava média das vozes (comum para barítonos e tenores), a qual, por razões que serão dadas adiante, se exprime em nossa notação pela oitava fá^2-fá^3. Suponhamos que se trate de executar nessa oitava uma melodia do modo lídio; será preciso *bemolizar* o si e a oitava tomará o seguinte aspecto:

Agora, experimentemos situar essa oitava sobre uma lira de onze cordas[57], uniformemente afinada, como já se viu antes, em tetracordes helênicos. O cordame dessa lira se apresentará, necessariamente, assim:

Dir-se-á agora que a lira está afinada conforme o "tom lídio": em linguagem moderna, esse tom se caracteriza pela armadura de um bemol (ver quadro v, nº 10).

Por um processo análogo, obter-se-á para o hendecacorde *frígio* o seguinte diagrama:

---

[57] τοὺς τόνους ἐφ' ὧν τιθέμενα τὰ συστήματα μελωδεῖται. Aristóxeno, p. 37. Meib. Não esquecer que, primitivamente, o instrumento acompanhava o coro em uníssono.

(tom frígio com três bemóis, quadro, nº 8) e, para o hendecacorde *dórico*:

(tom dórico com 5 bemóis, quadro, nº 6).

Em outros termos, nessa concepção primitiva o tom era o grau de tensão que se necessitava dar à lira hendecacorde (pequeno sistema perfeito) para que sua *oitava coral* tomasse a figura de um modo determinado. A partir de então, compreende-se por que os três *tons* primitivos (dórico, frígio, lídio) receberam os nomes dos modos aos quais correspondem. A altura relativa dos tons era definida pela de sua *mesē* (que sempre ocupa o sétimo lugar do hendecacorde). Assim, os tons dórico (*mesē*: si bemol), frígio (ut), lídio (ré) são escalonados a uma segunda maior (um "tom") de intervalo.

Parece que essa concepção foi traduzida por um sistema coerente, no qual cada *modo* usual teria tido seu "tom" homônimo exatamente definido. Mas causas diferentes introduziram a desordem na construção e na nomenclatura dos tons, provavelmente porque, na época da prevalência do gênero enarmônico, as várias escolas não se entendiam nem sobre a figura das oitavas modais nem sobre a colocação exata da oitava coral. No dizer de Aristóxeno, antes dele reinava nessa matéria uma confusão comparável à do calendário grego[58]. E essa confusão tornava muito difícil, senão impossível, as modulações tonais no correr de uma mesma cantilena.

---

[58] Ele nos faz conhecer dois sistemas principais nas escolas: um (dos harmonicistas) no qual os tons se sucedem assim, do grave ao agudo: hipofrígio (1 tom?), hipodórico (1/2 tom), mixolídio (1/2 tom), dórico (1 tom), frígio (1 tom), lídio; o outro (sistema dos aulodistas) que apresenta a sucessão: hipofrígio (3/4 de tom), hipodórico (3/4), dórico (1), frígio (3/4), lídio (3/4), mixolídio.

* * *

Aristóxeno trouxe a ordem a esse caos, conservando, infelizmente, o princípio da antiga nomenclatura, que não tinha mais razão de ser, sobretudo quando a música prática já comportava, a partir de então, árias para virtuoses, instrumentais ou vocais, exequíveis em qualquer modo e qualquer altura: o tom se havia tornado, em realidade, uma "escala de transposição".

O sistema tonal de Aristóxeno compreende treze dessas escalas (sempre com onze notas), e no qual as *mesai* se espaçam de semitom em semitom, abrangendo assim uma oitava completa (fá^2-fá^3). Sete dessas escalas, que chamaria de *clássicas*, correspondentes aos nossos tons em bemóis, tomam ou conservam os nomes dos sete modos, cuja oitava coral reproduz a figura. Cinco escalas intercaladas (tons em dieses ou sustenidos) tomam emprestado o nome da escala imediatamente inferior, ajuntando-lhe o epíteto "grave" (assim, o hipofrígio grave tem sua *mesē*, fá diese, em um semitom abaixo daquela do hipofrígio, sol). A décima terceira escala no agudo, hipermixolídio, destinada a fechar o ciclo, só faz, em realidade, reproduzir, nota por nota, na oitava aguda, a escala mais grave (hipodórica). O quadro VI resume essa nomenclatura.

Pela comparação dos quadros V e VI, vê-se agora, sem dificuldade, em que consistem as inovações dos harmonicistas posteriores a Aristóxeno (οἱ νεώτεροι), que transformaram seu sistema naquele que ensinam os manuais greco-romanos. De início, cada escala de transposição foi, como o próprio cordame da lira, levado a uma extensão de duas oitavas ou quinze notas (dezoito com o tetracorde dos conjuntos). Em seguida, o som mais grave, o *proslambanómeno*, oitava grave da *mesē*, foi desde então considerado como fundamental. Enfim, acrescentou-se ao agudo dois novos tons, réplicas dos tons 2 e 3. Quanto à nomenclatura, conservou-se a de Aristóxeno para os sete tons clássicos, exceto o mixolídio (nº 11), que se tornou o hiperdórico. Entre as escalas adicionais (tons em diese), as duas do grupo médio, intercaladas entre os três tons primitivos, receberam nomes simples, tomados arbitrariamente de modos desusados (iastieno, eólico). Constituído assim o grupo central de cinco tons, as escalas dos dois outros grupos foram denominadas, quando necessário, pelo acréscimo do sufixo *hipo*[59] ou *hiper* ao tom central, posta na quarta aguda (ou grave) do tom secundário.

O sistema de Aristóxeno, assim modificado, permanece em uso até o fim da Antiguidade, como o provam os diagramas anotados dos "45 tons" dados por Alípio. No entanto, na prática, os diferentes gêneros de composição musical estavam longe de empregar todas as escalas de transposição teórica.

Quadro VI.

Tons clássicos:
1. hipodórico; 3. hipofrígio; 5. hipolídio.

Tons suplementares: 2. hipofrígio grave; 4. hipolídio grave

Tons primitivos: 6. dórico; 7. frígio grave; 8. frígio; 9. lídio grave; 10. lídio; 11. mixolídio; 12. mixolídio agudo.

[59] Esse termo, ainda empregado por Aristóxeno no sentido de *quase*, significa doravante "abaixo", "no grave".

Conforme os ensinamentos fornecidos pelo *Anônimo*, de Beller-mann, a "orquéstica"* (quer dizer, sem dúvida, o canto coral usado sobretudo como acompanhamento da pantomima, durante o Império) empregava, além dos sete tons clássicos (ver quadro VI), dois de seus prolongamentos no agudo (hiperfrígio, hiperlídio)[60]. A citarodia (solo vocal acompanhado de cítara) utilizava os tons hipolídio e iastieno para as vozes de barítono, e o lídio e o hiperiastieno para as vozes de tenor. Perto do fim da Antiguidade, o tom lídio era quase o único corrente, e os últimos musicólogos não conheciam outro[61].

A aulética empregava, além dos quatro tons citaródicos, o frígio, o hipofrígio e o hipereólico (réplica do hiperiastieno); a música de órgão, o lídio e o hiperlídio, o frígio e o hipofrígio, o hiperiastieno e o hipereólico.

Deve-se assinalar como singularidade, fecunda em mal-enten-didos, o sistema dos tons ensinado no segundo século de nossa era por Ptolomeu. Mais radical do que Aristóxeno a esse respeito, ele não admite como tons verdadeiros senão suas sete escalas clássicas, isto é, aquelas em que a oitava coral apresenta uma sucessão de intervalos *sui generis*. Tomando, nesse caso, por "escala normal" a dupla oitava dórica (si[1] bemol – si[3] bemol), a única, no dizer dos antigos[62], que uma voz de homem pode cantar em toda a sua extensão, ele traz as seis outras escalas *quase* para a mesma tessitura, transferindo, seja para a oitava grave, seja para a oitava aguda, aquelas notas que ultrapassam a extensão do sistema dórico.

---

* Do grego *orkhēstikē*, indica também a arte dos movimentos do corpo, a dança, a pantomima (N. da T.).

60 Entre as cantilenas que nos chegaram, o fragmento de *Orestes* está anotado em tom frígio; o primeiro hino délfico em frígio e hiperfrígio; o segundo, em lídio e hipolídio; o hino de Oxirrinco, em hipolídio.

61 *A Canção de Trales* ainda está anotada em iastieno; o *peã* de Berlim, em hiperiastieno; mas as árias conservadas pelos manuscritos bizantinos (*Prelúdios à Musa, Hinos de Mesomede, Exercícios do Anônimo*) estão todas anotadas em lídio.

62 Aristides Quintiliano, p. 24, Meib.

Quadro VII.

Assim, ele obtém o quadro acima (quadro VII), ainda complicado para uma nomenclatura dita "tética"*, no qual as quinze notas de cada tom recebem, do grave ao agudo, os nomes *proslambanómenos*, hípata das hípatas etc, da lira dórica, sem consideração com sua posição "dinâmica" sobre os tetracordes helênicos[63].

* Isto é, adequada, própria, bem disposta (N. da T.).
[63] Tais nomes só têm o valor de simples números de ordem; Ptolomeu deles se valeu para evitar os diagramas anotados. A inovação não parece ter obtido sucesso e não a encontramos em qualquer outro lugar.

As sete *mesai* dos *tons* clássicos (de Ptolomeu como de Aristóxeno) se sucedem na seguinte ordem:

Os teóricos ignaros da alta Idade Média, que conheceram esse diagrama por meio de Boécio, confundiram a ordem das *mesai* tonais com aquela das *primas* dos octacordes modais, recortadas sobre um mesmo cordame helênico. Por consequência, tomando como início o lá, construíram, na mesma ordem, o quadro abaixo (quadro VIII), dos "modos", com o qual acreditaram, ingenuamente, reproduzir o sistema modal grego.

Quadro VIII.

Vê-se sem dificuldade que, salvo o hipodórico, não há sequer um nome justo; a ordem verdadeira dos modos gregos postos na escala natural é exatamente o inverso daquele dos modos eclesiásticos. Essa confusão, fonte de muitas outras, perpetuou-se na música da igreja até os nossos dias e muito contribuiu para dar à teoria dos modos e dos tons gregos uma reputação de obscuridade que ela está longe de merecer.

Melopeia

A aplicação dos elementos melódicos fundamentais – sons, intervalos, tons, modos – constitui a melopeia, assim como aquela dos elementos rítmicos – duração, tempos, métricas, membros, frases – constitui a ritmopeia, aliás, dificilmente separável da primeira. Serei bastante breve a esse respeito, pois se trata antes de gosto individual e do gênio do artista do que de regras positivas. A análise atenta dos raríssimos espécimes de melopeia grega que nos chegaram (Apêndice 3) fará o leitor perceber, mais do que longos comentários, as características particulares da melopeia helênica: procedendo por pequenos intervalos (segunda, terça, quarta, quinta), repete com frequência os mesmos desenhos e, quando o canto ameaça desgarrar-se em alturas ou profundidades, faz retornar à voz média por um salto de oitava ou golpe brusco de cabresto. Esse contorno melódico, de linhas puras, de inflexões sinuosas, por vezes de uma doce fineza, faz pensar, involuntariamente, na eurritmia erudita, nos arabescos sutis das estátuas gregas ou, melhor ainda, nas figuras de vasos pintados. Infelizmente, nossos documentos pertencem todos (salvo uma exceção, muito mutilada) à época helenística e romana, quer dizer, a um período de decadência e de ecletismo. Não podemos nos gabar de conhecer em sua pureza o estilo melódico de um Olimpo ou de um Terpandro, de um Píndaro ou de um Ésquilo, de um Eurípides ou ainda de um Timóteo, os quais, por méritos diferentes, emocionaram e entusiasmaram, sucessivamente, os ouvintes antigos.

Nas regras ou preceitos que formulam os musicólogos antigos, a noção de conveniência entre a forma melódica e o caráter da composição encontra-se em primeiro plano. Cada *ēthos* – distinguiam-se os *ēthos* depressivo (συσταλτικόν), calmo (ἡσυχιαστικόν) e exaltado (διασταλτικόν) – comporta seus "gêneros", suas "nuanças", seus "modos favoritos"; da mesma maneira, seguindo o estilo de uma cantilena, o compositor escolherá uma "região vocal" (τόνος φωνῆς) e, na sequência, escalas de transposição apropriadas. Ao estilo trágico convém a região *hipatoide*; no ditirambo, a região *mesoide* e nos nomos (solo de concerto), as regiões *netoide* e *hiperboloide*.

Deixo de lado, por não apresentar senão um interesse técnico, as informações, sobretudo terminológicas, que possuímos sobre as diversas figuras do desenho melódico[64] e sobre os ornamentos do canto (τερετισμός)[65], bastante análogas àqueles do *bel canto* italiano. A questão das *cadências finais* havia preocupado os teóricos; infelizmente, essa parte da doutrina não chegou até nós. Em compensação, é preciso nos determos um instante sobre a teoria das modulações (μεταβολαί), que podem influenciar seja o gênero, seja o modo ou o tom.

A melopeia arcaica, a de Terpandro e Olimpo, ignorava quase totalmente a prática das modulações melódicas[66]. Mas a partir de Lasos de Hermíone (por volta de 500 a. C.), o criador do "estilo ditirâmbico", elas se tornaram cada vez mais frequentes (apesar dos sarcasmos dos críticos conservadores)[67], trazendo consigo o aperfeiçoamento dos instrumentos (aulos e cítaras). Os hinos délficos nos oferecem exemplos de metáboles* de gênero: a melodia, de uma seção a outra, passa do diatônico ao cromático. Quanto às metáboles de modo, que possuíam um caráter ético bem marcado, podem ser encontradas, sobretudo, nas composições de maior fôlego. No ditirambo *Mísios*, de Filóxeno, o primeiro "movimento" estava no modo hipodórico; o segundo, nos modos hipofrígio e frígio; o terceiro, nos modos mixolídio e dórico. Vê-se, por esse exemplo, que a metábole podia sobrevir mesmo no interior de uma seção, ao menos entre modos aparentados; o mesmo se pode dizer das modulações tonais que, aliás, serviam às vezes para uma mudança de modo. Tais modulações (das quais os hinos délficos nos oferecem exemplos)

---

64 Melopeia direta (ascendente, εὐθεῖα, ἀγωγή; descendente, ἀνακάμπτουσα, ἀνάλυσις), ao contrário, com inflexões (πλοκή, περιφερής). Repetição de nota (πεττεία), sustentação (μονή).

65 Distingue-se o μελισμός do κομπισμός, e dos νίγλαροι etc.

66 Por exemplo, no nomo a Atena, de Olimpo, havia uma mudança de ritmo entre a primeira e a segunda parte, mas o gênero e o modo permaneciam invariáveis (Plutarco, *De musica*, c. 33).

67 Ferécrates, frag. 145, Kock.

* No sentido de modulação e não apenas no de repetição (N. da T.).

ocorriam preferencialmente entre duas escalas cujas *mesai* se afastavam em uma quarta, isto é, cujas gamas difeririam apenas de um bemol. Foi para facilitar essa modulação, de uso bastante comum e, por vezes, passageiro, que o "tetracorde conjunto" havia sido introduzido no cordame da lira e considerado como parte integrante da gama tonal, quando, na realidade, é emprestado do tom vizinho.

É conveniente também assinalar, na música vocal, a interdependência que existia, em certa época, entre o desenho melódico e as palavras do texto poético. Entre nós, um músico ponderado evita fazer cair um tempo forte da melodia sobre uma sílaba muda; em línguas como o alemão, o italiano etc., em que o acento de intensidade ressalta com vigor, a necessidade se impõe mais ainda ao compositor para, de alguma forma, modelar o desenho rítmico da frase musical sobre o do texto corretamente pronunciado. Na Grécia, o acento de intensidade não existia; em compensação, o compositor submetia-se, em razão do texto, a uma dupla servidão: uma rítmica (de que se tratará mais adiante) devido ao fato de a pronúncia e a prosódia estarem fundamentadas nas *durações* das sílabas; a outra, melódica, proveniente do caráter musical do acento tônico, de que cada palavra grega está munida, e que fazia da linguagem, mesmo na conversação ordinária, uma espécie de melopeia (λογῶδες μέλος), que os dialetos provençal e *vaudois* ainda nos podem dar uma ideia. Com efeito, os gramáticos nos ensinam que a sílaba marcada pelo acento tônico comportava uma entonação mais aguda do que as outras sílabas da palavra, aproximadamente de uma quinta; entretanto, se o acento recaísse sobre a última sílaba, e esta aqui estivesse ligada pelo sentido às palavras seguintes, o intervalo era menor (uma terça?); as sílabas marcadas pelo acento circunflexo comportavam uma dupla entonação, com um desenho descendente.

Disso resulta que um verso de Homero corretamente pronunciado, com certa ênfase, constitui, mesmo sem a intervenção adicional de uma melopeia, uma verdadeira linha musical. As durações naturais das sílabas determinam a divisão em pés (métricas), a posição dos acentos tônicos e circunflexos desenha um contorno melódico rudimentar, mas sensível. Quando um compositor "punha em música" uma série de hexâmetros desse gênero, encontrava sua tarefa já cumprida, em parte, pelo poeta. Tudo o que lhe restava fazer era escolher a altura exata das notas destinadas às sílabas sucessivas, de maneira a evitar a monotonia, mas cuidando para fazer coincidir os cimos melódicos de cada palavra com os acentos tônicos plenos, os de altura média com os "barítonos", e só desdobrar melodicamente as sílabas circunflexas[68]. Temos um exemplo arcaizante de uma melopeia, assim calcada sobre o texto poético, nos hexâmetros do segundo Prelúdio à Musa.

Tudo leva a crer que as canções (*nomoi*) de Terpandro e de sua escola se apresentavam quase sob esse aspecto.

Nos séculos VI e V, durante os quais a estrutura estrófica dominava as composições líricas, e nos quais, por consequência, todas as estrofes similares eram cantadas sobre a mesma melodia, uma dificuldade se apresentava: se o compositor, na elaboração de seu desenho melódico, era obrigado a levar em conta a colocação dos

---

68 O desdobramento não é obrigatório, como o mostra o exemplo dado, onde só ocorre uma vez em três (em μουσῶν).

* *Kal-li-o-pei-a so-pha, Mou-sōn pro-kha-ta-ge-ti ter-pnōn, kai so-phi mus-to-do-ta La-tous go-ni. Dē-li-e Pai-an*, "Ó sábia Calíope, líder das Musas deleitantes, iniciadora dos mistérios junto ao sábio filho de Leto. Ó Peã Délio [...]" (N. da E.).

acentos tônicos, o poeta deveria reparti-los entre as sílabas de maneira idêntica em cada estrofe; essa obrigação, juntamente com a da identidade das durações rítmicas correspondentes, teria constituído um entrave insuportável à criação poética. Por conseguinte, e o sabemos por um testemunho formal[69], nas árias desse gênero o compositor liberava-se de toda correlação entre o desenho melódico e os acentos naturais; em outros termos, estes aqui desapareciam inteiramente na execução vocal.

A partir do quarto século, quando a "confecção livre" (λέξις ἀπολελυμένη) substituiu a estrutura estrófica nos gêneros musicais mais em voga (nomos, ditirambo, monodia trágica), tornou-se possível levar em conta a colocação dos acentos naturais na melopeia vocal. Até que ponto os grandes compositores dos séculos IV e III se conformaram com esse princípio? Nós o ignoramos, mas no fim do século II os dois hinos délficos mostram-no aplicado de maneira rigorosa. Nenhuma sílaba de uma palavra traz uma nota *mais aguda* do que aquela em que recai a sílaba tônica; o final de uma palavra, marcado por um acento e ligado às palavras seguintes, não é nunca mais alto do que a primeira sílaba plenamente tônica que se segue; e os circunflexos comportam, geralmente, um desenho melódico descendente, de duas notas.

A mesma correlação, menos severa, porque atenuada por algumas exceções, se observa nos *Prelúdios à Musa* e na *Canção de Trales*; ao contrário, não há traços dela nos *Hinos de Mesomede* e em fragmentos posteriores (Contrapolinópolis, Oxirrinco): é que, desde o século II de nossa era, o acento tônico grego começou a perder seu caráter melódico para se transformar em acento de intensidade.

Harmonia Simultânea, Polifonia

A superposição dos sons (harmonia simultânea, polifonia), que é a alma da música moderna após a Renascença, não era desconhecida

---

69 Dioniso de Halicarnasso, *De compositiones*, verb 11. Confirmado pelo fragmento de *Orestes* (papiro Wessely).

da música grega, mas tinha um lugar bastante modesto. O ideal do compositor grego é um canto puro, de contorno sutil, modulado por uma voz única, semelhante às silhuetas encantadoras traçadas por um pincel livre sobre o bojo dos lécitos* brancos. O acorde de três sons e, com mais razão ainda, o de quatro ou cinco, jamais obteve direito de cidadania na arte helênica: sua polifonia se reduz a uma heterofonia[70], ao "acorde" de dois sons simultâneos.

Essa polifonia tão restrita encontra-se ainda excluída do canto vocal propriamente dito. A música vocal grega não conhece nem duos (apenas diálogos alternados) nem trios, apenas o solo (monodia) e o coro. Ora, os cantores de um coro cantam em uníssono (ὁμοφωνία), ou, se o coro associa adultos e crianças, em oitava (ἀντιφωνία): qualquer outra combinação, consonante ou dissonante, está formalmente proibida[71].

A harmonia simultânea não encontra lugar senão na música instrumental, ou no canto vocal acompanhado de instrumento. Na música arcaica de concerto, que só conheceu a citarodia, o instrumento de cordas mantinha-se em uníssono com a voz (πρόσχορδα, κρούειν). Arquíloco foi o primeiro a introduzir o acompanhamento heterófono. Tal acompanhamento musical, que se movia em direção ao *agudo* do canto, comportava até mesmo intervalos dissonantes para com este último; no correr dos tempos, o acompanhamento abandonou-se a variações e ornamentos de toda espécie. A conclusão, a cadência final, operava sempre sobre a oitava ou em uníssono. Parece, além disso, que o acompanhamento instrumental foi deixado, com frequência, à fantasia, à improvisação do citarista, quase sempre compositor, ele mesmo. É o que explica que alguns cantos anotados que nos chegaram não contenham a parte instrumental.

Na música puramente instrumental, a heterofonia é de uso frequente. Não apenas se conhecem duos concertantes de instrumentos

---

* Vasos cilíndricos para armazenar óleos cosméticos e perfumes (N. da T.).

70 ἑτεροφωνία. A palavra polifonia (πολυφωνία, πολυχορδία) tem, em grego antigo, um sentido diferente do utilizado pelas línguas atuais: ela designa a multiplicidade ou a variedade dos sons empregados em um trecho musical ou num instrumento.

71 Aristóteles, *Prob.* XIX, 18.

idênticos ou diferentes, mas, ainda no solo, a heterofonia é a regra para o jogo dos instrumentos de concerto clássico, a cítara e o aulo duplo. O citarista, como veremos ainda, produzia o canto (μέλος) com a ajuda do plectro e a parte do acompanhamento (κροῦσις), pinçando as cordas com os dedos da mão esquerda. No solo de aulo, o canto estava confiado ao tubo da direita, fazendo-se o acompanhamento com o tubo da esquerda. Ainda aqui, e em princípio, o canto se mantém no grave do acompanhamento.

Na aulodia (solo vocal acompanhado por aulo), a regra que proscrevia o acorde de três sons exigia que uma das duas partes do aulo estivesse em uníssono com a voz; disso resulta que a parte do acompanhamento era pouco perceptível[72]. A mesma observação se aplica ao duo concertante da cítara e do aulo, por exemplo: as quatro partes possíveis se reduzem, necessariamente, a duas.

---

[72] Aristóteles, *Prob.* XIX, 16.

2. Rítmica

De acordo com os antigos, o ritmo representa, na música, o princípio masculino, assim como a melodia, o princípio feminino[1]. O domínio do ritmo ultrapassa o reino dos sons, estendendo-se a todas as artes do movimento, a todas aquelas que se desenvolvem no tempo, em oposição àquelas que se desenvolvem no espaço, sendo substituído pela simetria.

Pode-se definir o ritmo musical, com Aristóxeno[2], como sendo uma certa ordem na repartição das durações de cada um dos três elementos cujo conjunto constitui o fenômeno musical completo: a melodia, a palavra, o movimento corporal.

Na arte antiga, a música vocal possuía uma tal preponderância que o ritmo musical era visto, principalmente, sob o aspecto verbal: a rítmica, na origem, quase se confundia com a métrica. Em uma língua como a grega, em que a pronúncia e a versificação estão fundamentadas essencialmente sobre o princípio quantitativo, essa confusão era inevitável; o ritmo das palavras impunha-se à melopeia

---

1 A. Quintiliano, p. 63.
2 Frag. ritmo, p. 272 Morell.

sobre elas aplicada. No entanto, conforme as formas dos versos mais usuais foram abalando o envoltório musical e se prestaram à recitação simples e mesmo à recitação muda, e na medida em que a música instrumental, notadamente a de aulo, desenvolvia seus próprios recursos, a rítmica constituía-se em disciplina à parte. Essa é a honra que cabe a Aristóxeno: ter-lhe feito emanar as noções fundamentais que o futuro não desestabilizou; seus sucessores só acrescentaram à sua obra contradições ou deformações. No entanto, mesmo sob a forma que ele deu à rítmica, esta conservou em sua terminologia, e até em suas técnicas, muitos dos traços de sua antiga origem e de sua estreita ligação com a métrica.

Tempo Unitário, Tempos Compostos

Sendo o ritmo "uma ordem na repartição das durações", é preciso inicialmente saber medir com exatidão as durações musicais. Aristóxeno adota como unidade o *tempo unitário ou primário* (χρόνος πρῶτος)[3]: é a duração que, numa determinada composição musical, não pode ser fracionada pela melodia nem pela palavra ou movimento corporal. Em princípio, ela corresponde, na música vocal, à duração (considerada uniforme) de uma sílaba breve; convencionou-se, nas transcrições modernas, representá-la por uma colcheia[4].

---

3 Mais tarde σημεῖον. A palavra mora, nesse sentido, é um neologismo infeliz de Boeckh.

4 Não é rigorosamente exato que uma sílaba breve do texto jamais possa ser decomposta pela melodia, nem que todas as sílabas breves, em uma mesma canção, tenham a mesma duração. Os gramáticos nos falam de sílabas ultrabreves, *brevibus breviora*, na pronúncia. Um tratado de solfejo antigo (Anônimo Bellerman, 56) define uma certa figura melódica de "aplicação de duas notas em um mesmo tempo unitário". Na própria versificação, os anapestos (quatro tempos) empregados nos lugares ímpares de um trímetro (seis pés) iâmbico (por exemplo, Antígone, v. 11 ἐμοὶ μὲν οὐδεὶς μῦθος, ᾿Αντιγόνη, φίλων) supõem, implicitamente, que uma breve ordinária pode ser substituída, em ocasião propícia, por duas "brevíssimas", quer dizer, uma colcheia por duas colcheias duplas. Ver o que será dito adiante sobre o desdobramento melódico.

O tempo unitário* só possui, bem entendido, um valor relativo; sua grandeza absoluta, assim como as de todos os seus múltiplos, depende do *andamento* ou da *velocidade*[5] de execução da ária, que pode variar indefinidamente.

As durações superiores ao tempo unitário, ou *durações compostas* (χρόνοι σύνθετοι), exprimem-se em função daquele: falam-nos de durações de 2, 3, 4, 5 tempos unitários. Elas são anotadas pelos seguintes signos, postos acima da nota melódica, da qual ofereço os equivalentes em notação moderna:

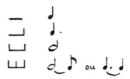

Na música vocal, ao menos em certas espécies de ritmos, algumas sílabas comportam às vezes uma duração intermediária, não expressa em múltiplos inteiros do tempo primeiro: são avaliadas como sendo, *aproximadamente*, 1 ½ do tempo unitário (colcheia pontuada – semínima): é a duração dita *irracional* (ἄλογος).

Na realidade do fenômeno musical, as durações rítmicas abstratas estão representadas às vezes por sons, às vezes por *silêncios* ou *tempos vazios*[6]. Temos exemplos anotados de silêncios nos exercícios do Anônimo de Bellermann, no papiro de *Orestes*, nos fragmentos de Contrapolinópolis e de Oxirrinco. Os silêncios praticamente usuais valem um tempo unitário (colcheia), 2 (semínima),

---

* O tempo unitário corresponderia, na teoria musical de hoje, aproximadamente à unidade de tempo e/ou de compasso (N. da Revisão).

5 ἀγωγή [*agogē*]. Em linguagem musical vulgar, "movimento" (*tempo*); é o que se mede hoje pelo metrônomo.

6 Os silêncios rítmicos (χρόνοι κένοι) representam um certo papel mesmo na versificação recitada. Por exemplo, o tetrâmetro trocaico completa seu último pé por um tempo vazio de uma breve (Ésquilo, *Persas*, 155): ὦ βαθυζώνων ἄνασσα Περσίδων ὑπερτάτη. Os dois hemistíquios do verso elegíaco (vulgo pentâmetro) completam-se, um e outro, pelo tempo vazio de uma longa (Cf. Quintiliano IX, 4, 51; Agostinho, *De musica*, IV, 14).

3 (semínima pontuada) e 4 (semibreve). O diagrama seguinte dá a conhecer as notações que os designam e seus equivalentes na notação moderna.

Metros

Da mesma maneira que a frase falada se compõe de incisos* e de palavras, a frase musical subdivide-se em uma série de compartimentos, de duração frequentemente igual – mas não necessariamente –, preenchidos por sons ou por silêncios: constituem os *pés* ou *metros*[9]. Mas enquadramentos vazios ou preenchidos de uma maneira absolutamente uniforme não constituem um ritmo. Para que haja impressão rítmica, é preciso que a divisão em compassos seja perceptível ao ouvido por uma alternância periódica, pelo retorno regular de um fato sonoro, de qualquer natureza; ou seja, um ruído contínuo não engendra nenhum ritmo.

Na ritmopeia rigorosamente silábica, que se superpõe à versificação grega primitiva, esse princípio de periodicidade era fornecido pela quantidade regularmente alternante das sílabas agrupadas nos pés, e este possuía uma *figura* rítmica específica e invariável. Um dátilo, por exemplo, não era apenas um "metro" (medida) de quatro colcheias: em sua realização sensível, apresentava sempre a sucessão de uma longa e duas breves — ⏑ ⏑, equivalente, em notação moderna a ♩ ♪ ♪, aproximadamente quatro tempos unitários, para empregar

---

[7] Fragmentos de Berlim; Hino de Oxirrinco. A pausa de um tempo é especialmente chamada λεῖμμα [lima].

[8] Forma atestada pelo papiro de *Orestes*. A pausa de dois tempos chama-se πρόσθεσις.

* *Inciso* no sentido gramatical, ou seja, locução curta intercalada na frase (N. da T.).

[9] νοῦς [nous]. O pé estendido ou composto chama-se também βάσις [basis] ou μέτρον [metron].

a linguagem de Aristóxeno[10]. Desde então, uma frase musical do tipo — U U — U U — U U — U U... decompunha-se naturalmente em compassos de quatro tempos do tipo datílico; a divisão era marcada auditivamente pelo retorno regular da longa, precedendo duas breves.

Esse princípio de demarcação, sem jamais perder de todo o seu valor, ficou paralisado em larga medida pelo abandono gradual da ritmopeia silábica. Pouco a pouco, convencionou-se, em princípio, que uma longa equivalia exatamente a duas breves; depois disso, no pé típico, permite-se, com cada vez mais frequência, substituir uma longa por duas breves, ou duas breves por uma longa. Mais ainda, na poesia lírica, empregam-se frequentemente pausas longas com mais de dois tempos para preencher o quadro invariável das durações irracionais, dos silêncios. Assim, a alternância regular de longas e breves apagou-se no canto, e mesmo no texto poético. Muitas vezes o ritmo deixou de ser perceptível, sem um segundo elemento de discriminação. Como saber à primeira vista, por exemplo, se essa linha de Prátinas:

tis ho thorubos hode? ti tade ta khoreumata?

deve ser medida assim:

ou, antes, assim:

Aqui intervém, como segundo elemento de orientação, a *batida ou pulsação métrica*.

Vocal ou instrumental, a melopeia antiga é sempre acompanhada de movimentos corporais ritmados, operados pelo próprio executante ou por um condutor especial, que ajuda a escandi-la. O gesto mais frequente consiste em levantar e abaixar, sucessivamente,

---

[10] Digo *aproximadamente* porque, primitivamente, a longa não valia exatamente o dobro de uma breve, e a substituição de duas breves por uma longa, ou o inverso, não era admitida, como o atesta a versificação silábica dos eólicos.

o pé. A elevação é dita *levantamento*[11], o abaixamento, *batida de pé*[12]. O conjunto de um levantamento e de uma batida (às vezes de dois levantamentos e de duas batidas) constitui uma medida, quer dizer, em suma, um *passo*. A alternância regular dos levantamentos e batidas, isto é, dos tempos marcados[13], prossegue sem interrupção do início ao fim da cantilena, marcando os limites dos pés que a compõem e que lhe determinam o caráter ou gênero, dada a proporção de suas respectivas durações. Assim, um ritmo dátilo não será mais, necessariamente, aquele em que todos os pés possuem o tipo efetivo — U U, mas aquele em que cada medida estiver constituída por uma batida de dois tempos, seguida por um levantamento de dois tempos, qualquer que seja, aliás, a duração dos elementos primários (sílabas, sons ou silêncios) que "imprimem" cada uma das batidas ou pulsações. Por exemplo,

A notação exprime ou pode exprimir essa divisão da métrica em batidas: as notas que compõem o levantamento estão elevadas de um ponto[14].

O pé do auleta, que dava a métrica de um coro, era comumente provido de uma dupla sola de madeira, algumas vezes munida de uma espécie de castanhola[15] e cujo choque[16] produzia um som notável. Esse barulho, superpondo-se às notas da batida de pé, dava a estas aqui uma sonoridade reforçada, permitindo-se falar de um *tempo forte*. Mas nada autoriza crer que a própria emissão vocal, ou

---

11 ἄρσις ἄνω χρόνος.

12 θέσις, βάσις κάτω χρόνος.

13 χρόνοι ποδικοί, μέρη ποδικά, σημεῖα (palavra aqui tomada em outro sentido que σημεῖον [*sēmeion*] = tempo unitário).

14 στιγμή, segundo o Anônimo de Bellermann, § 3 e 85, confirmado pela inscrição de Trales e pelos fragmentos de Berlim etc.

15 κρουπεζία, βάταλον, ὑποπόδιον. Ver o artigo de M. Perdrizet, *Bronzes de la Collection Fouquet*, n. 104. A estatueta descrita está atualmente sob minha posse.

16 κροῦσις, *percussio*.

o som tirado do instrumento, sofra um acréscimo de intensidade durante a batida. Em outros termos, o *ictus* (pulsação), que desempenha um grande papel no ritmo da maior parte das versificações modernas e de nossa música instrumental, influenciada pelos hábitos germânicos, é estranho ao canto e à métrica dos gregos[17].

Em nosso sistema moderno de notação, todo compasso começa por uma batida ou tempo forte[18]. Quando, no início, a frase musical comporta notas anteriores ao primeiro tempo forte, como na Marselhesa, mesmo se o seu total represente um tempo inteiro do compasso, nós as colocamos à parte, à esquerda da barra de compasso inicial, em uma métrica dita "incompleta" (anacruse [arse], *Auftakt*). Os antigos, conservando-se mais perto da realidade sensível, admitiam, ao contrário, que um compasso pode começar por uma elevação de pé tanto quanto por uma batida[19]: o primeiro tipo parecia-lhes mesmo mais natural, notadamente nos ritmos de marcha e de dança. É assim que o anapesto ᴜᴜ̲ opunha-se ao dátilo ̲ᴜᴜ, ainda que tendo a mesma duração; da mesma forma, o troqueu ̲ᴜ ao iambo ᴜ̲ e, de uma maneira geral, os compassos de *pé firme* ou de "movimento descendente" opunham-se aos compassos *com ímpeto** ou de "movimento ascendente".

Na tradução moderna, todavia, podemos geralmente nos conformar com o nosso hábito de fazer coincidir os começos de compasso com uma batida, e, assim, conduzir os ritmos com ímpeto [ascendentes] aos ritmos de pé firme [descendentes], precedidos de uma anacruse: esse procedimento dá inclusive conta, às vezes, e de maneira simples, de certos fenômenos rítmicos que, na escrita

---

17 Kawaczynski, *Essai comparatif sur l'origine et l'histoire des rythmes*. Cf. Wagner, *Philologus*, 1921, p. 300 e s. Para a versificação romana, a questão é mais duvidosa: ver R.G. Kent, *La Lecture à haute voix des vers latins* (*Revue International de L'enseignement*, 1925, p. 321 e s.).

18 Bem entendido, na prática musical após o século XVIII o tempo forte *batido* nem sempre coincide com um *ictus* efetivo do instrumento ou do canto. Os exemplos de síncopa, de *enjambement*, de contratempos, são inúmeros.

19 Não seria necessário concluir, como se fez com frequência, que a divisão em pés de toda frase musical ou poética *deva* começar com a primeira nota ou sílaba. Ao contrário, estou persuadido de que, na poesia lírica, vários tipos de versos ou de *cola* comportam, no início, uma *appoggiatura* (a "base", de Godefroid Hermann) de uma ou de duas sílabas. Mas o desenvolvimento dessa ideia me levaria muito longe.

* No original francês, *élan* (N. da T.).

antiga, parecem muito complicados[20]. Os críticos antigos atribuem aos ritmos de pé firme um caráter estético (*ēthos*) mais sólido, mais apoiado; e aos ritmos com ímpeto, um caráter mais agitado. Essa "agitação", esse desequilíbrio, provém do fato de que a primeira percussão do pé (*krousis*), ao marcar o primeiro tempo forte, se produz após o começo da melodia.

Classificação dos Metros

O princípio fundamental que serve para classificar os compassos é a relação de duração existente entre a batida e o levantamento. Certos compassos de longa duração comportam várias batidas ou vários levantamentos; nesse caso, compara-se a soma de batidas com a de levantamentos.

A ritmopeia contínua, quer dizer, aquela em que o mesmo ritmo persiste durante uma bastante longa sequência de compassos – a única que conhece a arte pós-clássica –, só admite três relações legítimas ou "eurrítmicas", que determinam o mesmo número de "gêneros" rítmicos (comparáveis aos três "gêneros" melódicos)[21].

A relação $\frac{1}{1}$ caracteriza o gênero *igual* (γένος ἴσον);

a relação $\frac{2}{1}$, o gênero *duplo* (γ. διπλάσιον);

a relação $\frac{3}{2}$, o gênero *sesquiáltero* (γ. ἡμιόλιον).

---

20 Por exemplo: na série ∪∪ – ∪ – ∪ – – ∪∪ – ∪ – ∪ – – ∪∪, os antigos, partindo do tipo ∪∪ – – (jônica menor), admitiam uma *anáclase*, quer dizer, um fracionamento da última longa da jônica entre dois pés sucessivos, de sorte que, aparentemente, ter-se-ia uma sucessão de pés de cinco e de sete tempos: ∪∪ – ∪⌢∪ – – | ∪∪⌢∪ – ∪ – – |. Na realidade, trata-se simplesmente de uma alternância de compassos 6/8 e 3/4, tendo-se a mesma duração absoluta ∪∪ | – ∪ – ∪ | – – ∪∪ | – ∪ – ∪ | – – ∪∪. Mas essa explicação, aplicável a séries longas, torna-se manca quando se trata de *colas* muito breves, como o anacreôntico clássico: ∪∪ – ∪ – ∪ – – . Este aqui parece ser de origem eólica e se vincula ao ritmo iâmbico com *tenuto* no penúltimo lugar e substituição do anapesto rápido pelo iambo inicial: ∪̑∪⁴ – ∪ – | ∪ – – . Adotado pelos jônicos, esse ritmo foi artificialmente assimilado por eles como compasso favorito (Munscher, *Hermes*, LVI).

21 A batida sempre forma o numerador da fração.

Verificar-se-á que a duração da batida é, *no mínimo*, sempre igual à do levantamento ou elevação[22].

O gênero sesquiáltero, peônico ou quinário, do qual certos musicólogos antigos e modernos têm contestado, sem razão, a existência real, fez sua aparição na música helênica mais tardiamente que os demais. Foi nas canções cretenses, acompanhadas de dança, que ele encontrou seu primeiro emprego vocal, donde o nome de *crético*, que permaneceu ligado ao seu tipo mais comum — ∪ ᵁᵁ. Como crético designa igualmente o duplo troqueu — ∪ — ∪, acredita-se que o ritmo peônico nasceu da gradual abreviação da segunda longa nas formas contraídas do ditroqueu: tinha-se— ∪ ⌐, em seguida — ∪ —. É o que explica a mistura frequente, em certos tipos de versos, das duas formas — ∪ — ∪ e — ∪ ∪ ∪[23].

Do ponto de vista estético, os antigos atribuem ao gênero igual um caráter estável, calmo e, ao gênero duplo, um caráter vivo, ligeiro, mordente; por fim, ao gênero sesquiáltero, um caráter febril e entusiasta.

Os compassos, qualquer que seja o gênero e o movimento[24], distinguem-se em *simples* e *compostos*[25]. O compasso simples é aquele que se decompõe diretamente em tempos unitários; o compasso composto é aquele que se decompõe em dois ou mais compassos simples *idênticos*[26], agrupados em duas ou mais pulsações. No compasso composto,

---

22 As pretensas variedades de anapestos (ditos κύκλοι [kukloi]) e de dátilos, em que a longa (isto é, o tempo forte) só teria valor menor do que dois tempos (Dioniso de Helicarnasso, *De comp. verb.* 17), provavelmente não tiveram emprego na música propriamente dita.

23 De modo semelhante, a outra forma ordinária do ritmo a cinco tempos, o *bacchius*, ∪ — | — , parece ter nascido do ditirambo ∪ — ∪ —, cuja forma contraída ∪ —⌐ abreviou-se em ∪ ——. Desde então, compreende-se por que a substituição do iambo pelo espondeu (e o dátilo) com pés ímpares, substituição normal nos ritmos diiâmbicos, é igualmente admitida no duplo bacchius [báquio] ou dochmius [dócmio]. Entende-se também por que nunca há alternância entre o peon, de origem trocaica, e o bacchius, de origem iâmbica, embora em um e outro o troqueu descendente de três tempos preceda o ascendente de dois tempos.

24 Os compassos compostos parecem ser todos "de pé firme".

25 πόδες άπλοῖ, π. σύνθετοι.

26 Só há uma exceção aparente, o coriambo ᶠ∪ | ∪ ᴸ, que, segundo a notação bastante explícita da *Canção de Trales*, parece decompor-se em um troqueu (3/8 descendente) e um iambo (3/8 ascendente). Mas as frases musicais compostas inteiramente em coriambos são de uma raridade extrema, ou, melhor dizendo, inexistentes. Na ritmopeia efetiva, o coriambo sempre se mistura ao duplo iambo ∪ — | ∪ —. Uma ária desse gênero pertence, pois, em realidade, ao ritmo diiâmbico (6/8 descendente com elementos ascendentes) e quando o grupo sonoro — ∪ | ∪— é substituído

a medida elementar que o compõe desempenha o mesmo papel que o primeiro tempo no compasso simples. Assim, o compasso composto — ∪ — ∪, que se divide em um troqueu (3/8 descendente) acentuado e um troqueu elevado*, pertence ao gênero igual, embora algumas de suas medidas elementares pertençam a um gênero duplo.

Ofereço em seguida o quadro dos *compassos simples*, efetivamente usuais na música grega; agrupei-os por gênero, distinguindo, em cada um deles, os compassos de pé firme dos compassos com ímpeto. Como todos esses compassos foram igualmente empregados na versificação, dou para cada um deles a figura rítmica que ele adquire na poesia recitada, quero dizer, a repartição normal das sílabas breves e longas sob cada batida: é a essa figura, com efeito, que corresponde o nome tradicional do compasso. Assim, o anapesto é propriamente um compasso 2/4 ascendente sob a figura rítmica ∪ ∪— (♪ ♪ | ♩), mas compreende-se que na *frase musical* anapéstica a *figura* sonora ♪ ♪ | ♩ pode ser substituída por ♩ | ♩ (espondeu) ou por ♪ | ♪ ♪ (dátilo).

NÚMERO TOTAL DE TEMPOS PRIMEIROS		DURAÇÃO DO		EQUIVALENTE MODERNO	TIPO DE PÉ FIRME	FIGURA NORMAL	TIPO COM ELÃ	FIGURA NORMAL	NOME DO BATIMENTO
		BATIDO	ELEVADO						
Gênero igual	4	2	2	2/4	Dátilo	— | ∪ ∪	Anapesto	∪ ∪ | —	2
	8	4	4	2/2 C	Grande Espondeu	II | II			2
Gênero duplo	3	2	1	3/8	Troqueu, Coreu	— | ∪	Iambo	∪ | —	2
	6	4	2	3/4	Jônico maior	— — | ∪ ∪	Jônico menor	∪ ∪ — —	2
	12	8	4	3/2	Grande Troqueu	II II | II	Orthius	II | II II	3
Gênero sesquiáltero	5	3	2	5/8	Peônio ordinário	— ∪ | ∪ ∪	-	—	2
	5	3	2	5/8	Báquico	∪ — | —			2
	10	6	4	5/4	Peônio epíbato	II — | — —			4

Quadro IX

por ∪ — \| ∪ — há simplesmente um meio tempo cantado "em contratempo". Quanto à existência do *antispaste* ∪ —F \| ∪ —L, ela é bastante problemática.

* Na forma moderna de se "bater" um compasso, designa o tempo fraco, com o movimento ascendente da mão (N. da Revisão).

Esse quadro atrai algumas observações: 1. Não faço figurar o 2/8 (∪ | ∪ pírrico), admitido por alguns metrificadores, pois Aristóxeno o exclui expressamente do número dos compassos práticos, já que comporta uma batida muito precipitada; 2. As medidas de 3/8 são, em poesia, de emprego muito raro, senão inexistente: os iambos e os troqueus sempre se agrupam por dipodias, quer dizer, em compassos de 6/8; mas Aristóxeno atesta claramente seu emprego como compasso simples na música vocal[27]; 3. O esquema indicado pela batida do peônio epíbato (5/4) $\overset{\text{F}}{\underline{}} - \overset{\text{F}}{\underset{\text{II}}{}}$ — por Aristides Quintiliano não corresponde ao do peônio ordinário; deve-se tê-lo por suspeito e substituí-lo pelo que inscrevi $\overset{\text{F}}{\underset{\text{II}}{}} - |\ \overset{\text{F}}{\underline{}} -$.

Compassos Compostos

Passemos aos compostos.

No sistema de Aristóxeno, essa noção é bastante larga. Ele admite, com efeito, compassos compostos de dois elementos (*dipodia*), três (*tripodias*), quatro (*tetrapodias*), cinco (*pentapodias*) e de seis (*hexapodias*). Dipodias e tetrapodias pertencem, necessariamente, ao gênero igual (1 + 1, 2 + 2); as tripodias, ao gênero duplo (2 + 1), as pentapodias ao gênero sesquiáltero (3 + 2). Quanto às hexapodias, podem, dependendo do caso, entrar para o gênero duplo (quatro contra dois compassos) ou no gênero igual (três contra três). De outra parte, os elementos (medidas constitutivas), entrando na composição dos compassos compostos, pertencem, eles próprios, a qualquer um dos doze tipos enumerados acima para os compassos simples. Parecia então haver um grande número de combinações possíveis (28), mas esse número é limitado pela regra, aliás arbitrária, estabelecida por Aristóxeno, segundo a qual a quantidade total dos tempos simples de um compasso composto não deve exceder 16 no gênero igual[28], 18 no gênero duplo e 25 no sesquiáltero.

27 Papiro *Oxirrinco*, I, 9.

28 Disso resultará que não pode haver hexapodias do gênero igual (3 + 3), pois, supondo-se o compasso elementar mais curto de três tempos primeiros, obtém-se um total de dezoito tempos, o que excede o máximo permitido por esse gênero.

Os musicólogos posteriores a Aristóxeno restringiram consideravelmente essa construção. Eles só admitem como compassos compostos verdadeiros o agrupamento de dois compassos simples (dipodias, sizígias)[29], que, para certos ritmos – o iambo, o troqueu, o anapesto – constitui, aliás, a verdadeira medida usual[30], a única praticamente empregada. Obtém-se assim três compassos compostos:

$$\cup^{\mathrm{F}}\!\!- \mid \cup^{\mathrm{L}}\!\!-\qquad \text{diiambo ou dátilo iâmbico}$$
$$-^{\mathrm{F}}\!\cup \mid -^{\mathrm{L}}\!\cup\qquad \text{ditroqueu ou crético}$$
$$\cup\ \cup- \mid \cup\ \cup-\qquad \text{anapesto duplo}$$

$\left.\right\}$ 6/8

$\left.\right\}$ C

No máximo eles ali acrescentam, em ritmo ternário, algumas tetrapodias, não excedendo uma duração total de doze tempos simples.

$$\cup^{\mathrm{F}}\!\!- \mid \cup- \mid \cup^{\mathrm{F}}\!\!- \mid \cup-\qquad \text{tetrapódico iâmbico}$$
$$-\cup\ \cup - \mid \cup-\cup-\qquad \text{ou coriambo iâmbico}$$

$\left.\right\}$ =12/8

Todos os demais "compassos compostos" de Aristóxeno estão arranjados em uma entidade rítmica de ordem superior ao compasso, o *cólon* (κῶλον) ou "membro" musical, termo que o musicólogo de Tarento não parece ter empregado e sobre o qual falarei adiante.

Há uma diferença antes de terminologia do que um dissentimento real sobre a natureza das coisas. Se, com efeito, as dipodias parecem só comportar duas batidas, uma servindo de *tese*, outra de arse, os compassos compostos, de grau superior, admitiam, quase necessariamente, muito mais delas; era preciso então, por algum artifício, marcar a hierarquia das batidas no interior do

---

29 συζυγίαι [*suzugiae*]. Não vejo razão decisiva para crer, como M. Laloy, que Aristóxeno reservasse esse termo para as dipodias, cujo texto cantado apresentasse um encadeamento (síncopa) entre os dois elementos.

30 μέτρον [*metron*]. Assim, o dímetro anapéstico compõe-se não de dois, mas de quatro anapestos; o trímetro iâmbico de seis iambos. Nesse sentido, encontra-se também a palavra ῥυθμός [*ruthmos*]. Por exemplo, o escólio do segundo *Prelúdio à Musa* (12/8) fala de ῥυθμός δωδεκάσημος [*ruthmos dōdekasēmos*].

compasso composto, para fazer ressaltar a unidade deste último[31]. Por exemplo, uma tetrapodia anapéstica de dezesseis tempos será assim percutida:

$$\breve{U}\overset{F}{\breve{U}}— \mid \breve{U}\breve{U} — \mid \overset{f}{\breve{U}}\breve{U}— \mid \breve{U}\breve{U} —$$

dando ao primeiro toque uma intensidade maior que exprimo por F, oposto a f. Se agora, com os musicólogos mais recentes, considerarmos esse grupo de sons como formadores de um *cólon** de dois compassos compostos de oito tempos cada um

$$\breve{U}\breve{U} — \mid \breve{U}\breve{U} — \parallel \breve{U}\breve{U} — \mid \breve{U}\breve{U} —$$

como distinguir esse *cólon* dos numerosos *cola* iguais que o seguem? Não será necessário dar à batida de pé do compasso inicial uma intensidade que a ponha em destaque? As duas maneiras de percussão voltam praticamente à mesma; tudo leva, em síntese, a uma questão de "barra de compasso".

Aliás, essa incerteza gráfica também existe na música moderna. A divisão em compassos anotados nem sempre exprime plenamente a realidade rítmica; ela tem necessidade de ser completada pelo executante ou pelo maestro.

No *scherzo* da Nona Sinfonia de Beethoven, por exemplo, a indicação de compasso é de 3/4, mas o compositor nos faz, sucessivamente, duas advertências:

"*ritmo di tre battute, ritmo de quattro battute*".

A verdadeira unidade rítmica é, pois, na primeira passagem, o grupo (ritmo, *cólon*) de três tempos (*battuta*, pés) simples de 3/4, ou, caso se queira, um compasso composto de 9/4 (Aristóxeno teria dito uma "tripodia jônica") e o compositor teria podido dividir seu texto assim; na segunda passagem, é o grupo de quatro compassos de 3/4, ou seja, um compasso composto de 12/4. São as comodidades de escrita ou de leitura que determinam mais frequentemente a escolha

---

31 Ao contrário, não conheço qualquer texto que indique que o condutor procurasse exprimir por algum procedimento (semelhante às *ondulações* da batuta dos nossos regentes) a natureza dos pés componentes, por exemplo, o iâmbico ou o trocaico no 6/8.

* Que aqui assume o sentido de sequência, de módulo (N. da Revisão).

do compositor entre os pequenos e os grandes compassos. Não há coisas a mais na divergência entre Aristóxeno e seus sucessores.

Sobre Alguns Ritmos Anormais

Além dos três gêneros da "ritmopeia contínua", certos musicólogos acreditaram poder admitir gêneros de medidas excepcionais, tais como o gênero *triplo* (relação 3/1), o gênero *epítreto* (3/4) e o gênero *docmíoco* ([de *dócmio*] - 3/5 ou 5/3). Deixando de lado o primeiro, de que não se produziu qualquer exemplo sério, direi algumas palavras sobre os dois outros.

1. O *epítreto* — U | —— não figura em nenhum monumento no qual se registre notação musical[32]; ao contrário, e aparentemente, ele é usual nas odes de Píndaro e de Baquílide, ou ainda, associado às *cola* datílicas, forma por vezes séries prolongadas. A opinião mais difundida entre os metrificadores modernos reconhece nele uma simples modalidade do ditroqueu (6/8) — U — U; a substituição do espondeu no segundo troqueu é, de fato, muito frequente nos metros trocaicos, sobretudo nos tetrâmetros destinados à recitação. Mas esse espondeu, conforme os antigos, não seria um verdadeiro espondeu; a segunda sílaba, embora expressa prosodicamente por uma longa, teria um valor "irracional", intermediário entre U e —.

Há, no entanto, uma diferença notável entre o ditroqueu lento dos dramaturgos e o epítreto dos líricos: o primeiro alterna em um mesmo poema com o ditroqueu puro — U — U, quase tão frequente quanto ele, e que basta para caracterizar o ritmo 6/8; ao contrário, nas odes em questão, o ditroqueu puro, ainda que dele se possuam exemplos, é de extrema raridade. Às vezes, não se encontra um só em uma estrofe inteira. Parece, pois, que seja preciso aqui encontrar uma outra interpretação, mas na ausência de qualquer tradição, de canção anotada, não se pode emitir a respeito senão hipóteses sem grande valor[33].

---

32 Às vezes, encontra-se esse gênero na música moderna (Brahms, op. 21, n. 2 etc.) e ultramoderna.

33 Por exemplo, o epítreto devia ser escandido ♩ ♪ ♩ ♩ e representaria assim uma medida de oito tempos unitários (C), que se associa bem aos dátilos. O ditroqueu esporádico (que não se

2. O *dócmio*, ritmo angustiado, nervoso, ofegante, muito frequente nos cantos fúnebres trágicos, parece ter por figura U — — | U — (com emprego facultativo, em texto poético, de longas irracionais no lugar de duas breves). Viu-se ora a combinação de um iambo e de um crético U — | — U — (tese inverossímil, dada a admissão do irracional em quarto lugar), ora a de um baquio e de um iambo U — — | U —. Mas as anotações do papiro de *Orestes*, onde a última longa é comumente seguida de um silêncio de dois tempos, parecem recomendar a escansão U — — | U —, quer dizer, um dímetro báquico (10/8)[34], cuja última longa substituiu-se por um silêncio. Quando, o que acontece frequentemente, o dócmio não termina por uma palavra[35], não se estará descomprometido de admitir, no fim do compasso, uma longa de quatro tempos: U — — | U II[36].

O *Cólon* ou Membro de Frase

Os compassos ou pés de uma cantilena se agrupam em unidades de grau superior – membros ou *cola*, frases ou períodos, sistemas ou estrofes, tríades – dos quais muitos escalões podem, aliás, estar ausentes de uma dada cantilena.

Entre esses agrupamentos rítmicos, o mais simples depois do compasso – e com o qual ele às vezes se confunde – é o *cólon* ou membro de frase, um grupo de dois ou mais compassos, cujo limite está marcado por uma ligeira pausa da voz. Ver-se-á adiante que os *cola* sucessivos, que se juntam para compor uma unidade imediata-

---

deve eliminar por correções arbitrárias) teria então o valor ♩ ♪♪ ♩ . Mas essas escansões têm o inconveniente de supor, em um dos pés elementares, a relação arrítmica 3/1. A escansão antiga (A. Quintiliano, p. 35; Denis, o Jovem, em Porfírio sobre Ptolomeu, p. 220), da qual provém o nome de epítreto ♪ ♪ | ♪ ♩ comete o erro de supor: 1º uma relação anormal entre a tese e a arse; 2º uma tese mais curta que a arse, fato sem igual.

34 Recorde-se que o báquio U deriva do diiambo U —; o dócmio equivale logicamente, pois, a um dímetro iâmbico.

35 *Sileri oportet non nisi terminatur pars orationis* (Agostinho, *De musica*, IV, 4).

36 É mais difícil explicar o caso (muito raro) em que a palavra, dividida entre dois dócmios consecutivos, apresenta, no final do primeiro, duas breves.

mente superior (período, estrofe) são tanto idênticos como diferentes entre si, segundo o gênero ou a extensão.

O próprio *cólon* decompõe-se, mais frequentemente, em uma série de compassos ou pés de mesma espécie (seis, no máximo). Assim é, notadamente, o caso dos *cola* que formam os "versos" propriamente ditos em música; tal é ainda aquele dos *cola* que, na terminologia de Aristóxeno, assumem o nome de "compassos compostos". Por exemplo, aqueles que constituem o primeiro *Prelúdio à Musa*:

$$\cup - \cup - \mid \cup - \cup -{}^*$$
ἄειδε μοῦ-σα μοι φίλη

ou a ária de Síquilo:

$$\cup \ \cup \ \cup \ \cup - \mid \cup - \llcorner{}^{**}$$
πρὸς ὀλί - γον ἐσ - τὶ τὸ ζῆν

Esses grupos musicais podem ser indiferentemente considerados como "membros" compostos de dois compassos de 6/8, ou como "compassos compostos" de 12/8.

Com muita frequência, de outra parte, um *cólon* está (ou parece estar) composto de vários compassos elementares diferentes entre si pelo gênero ou pela extensão. Para nos conservarmos nos exemplos de árias anotadas, os dois hinos de Mesomede consistem de uma suíte uniforme de *cola*, em que cada uma apresenta a seguinte constituição:

$$\cup \ \cup - \cup \ \cup - \cup \ \cup - \cup -{}^{***}$$
περὶ νῶτον ἀπείριτον οὐρανοῦ

Quer dizer, três anapestos (2/4 "ascendente"), seguidos de um iambo (3/8 "ascendente").

Conforme a opinião da maior parte dos críticos modernos, é preciso, num membro desse gênero, restabelecer a *isocronia* dos compassos constitutivos, seja acelerando o andamento (*tempo*) dos

---

* aeide Mousa moi philē, "canta-me, ó cara Musa" (N. da E.).

** pros oligon esti to zēn, "por pouco tempo é o viver" (N. da E.).

*** peri nōton apeiriton ouranou, "em torno à abóboda imensurável do céu" (N. da E.).

anapestos, seja sofreando o dos iambos. No primeiro caso, o membro abaixo será anotado assim:

No segundo, será anotado deste modo:

Na prática, para o ouvido, os dois procedimentos chegam ao mesmo resultado[37].

Digamos, de imediato, que é bastante tentador aplicar o mesmo nivelamento a um grande número de *cola* líricos, que associam dátilos (2/4), troqueus (3/8), ditroqueus (6/8) e peônios (5/8) etc. Um texto infelizmente mutilado de Aristóxeno parece fazer alusão a um artifício desse gênero, isto é, a um procedimento tentando restabelecer a isocronia em uma mesma frase musical por meio de uma modificação ocasional do movimento (ἀγωγή [*agogē*])[38].

Um caso um pouco diferente é aquele em que os compassos acoplados em um mesmo *cólon* só diferem pelo gênero, e não pela extensão (como o ditroqueu — U — U e o jônico maior — — U U): aqui, a "irregularidade" limita-se a uma ritmização em contratempo,

---

[37] No assim intitulado 1º Hino "ao Relógio", composto na mesma medida, e provavelmente pelo mesmo autor (Wilamowitz, *Griechische Verskunst*, p. 599), o escoliasta se propõe a dar à última sílaba uma duração de três tempos, para levar a duração total do verso a doze tempos. Mas um pé com a forma U⌐ é um monstro rítmico.

[38] Frag. Oxirrinco, Col. 5, em um desenvolvimento consagrado à "figura" — U — : διὰ τὶ γὰρ οὐχ ἄν ἤ δύο ἰαμβικοῖς (U — U —) εἰς τὴν π.... νωμένην ῥυθμοποιίαν, μὴ τὴν αὐτὴν ἀγωγὴν σῴζουσιν, ἤ δύο τροχαϊκοῖς (— U — U) χρ[ήσαιτο τις;] (N. da E. *Dia ti ouk an ē duo iambikois eis tēn p... nōmenēn rhuthmopoiian, mē tēn autēn agōgēn sōizousin, ē duo trokhaikois kh[rēsaito tis;],* "por que alguém não usaria dois iâmbicos na [...] composição rítmica, se eles não conservassem o mesmo movimento, ou dois trocaicos?")

Parece haver aqui a igualdade de U͡—ᵘU͡— e de —͡Uˢ—, associadas em um mesmo membro. Infelizmente, a restituição do particípio que precede a palavra ῥυθμοποιίαν [*rhuthmopoiian*, composição rítmica] é incerta (propôs-se πεπυκνωμένην [*pepuknōmenēn*, sólido, compacto, denso]).

como aquela que, tão frequentemente na música moderna, associa uma medida de 6/8 a compassos de 3/4; o princípio de isocronia não está em causa.

Todos os *cola* usuais na poesia lírica, mesmo em fragmentos registrados, não podem ser levados, mesmo por artifícios desse gênero, a uma isocronia rigorosa de seus elementos constitutivos. Tratar-se-á mais adiante da licença que permite o emprego de sílabas longas e, por conseguinte, de durações sonoras intermediárias entre um e dois tempos, no final do 6/8 descendente ($-$ U $-$ $\overline{\text{U}}$) e no início do 6/8 ascendente ($\overline{\text{U}}$ $-$ U $-$). Outro exemplo: encontramos utilizado na segunda reexposição do 2º hino délfico um membro lírico extremamente difundido na poesia e conhecido sob o nome de *glicônico*. Quase sempre formado por oito sílabas, ele parece dividir-se em dois "compassos compostos"; o segundo, invariavelmente, de seis tempos simples, reveste-se da figura U $-$ U $-$ ou $-$ U U $-$, mas a primeira apresenta as combinações mais variadas, tais como $-$ U $-$ U, $-$ $-$ $-$ U, $-$ $-$ $-$ $-$, U $-$ $-$ U etc, cuja duração oscila entre seis e oito tempos simples. Só por uma aproximação bastante grosseira que esses *cola* multiformes (poliesquemáticos) foram transcritos em notação moderna para compassos 12/8, *tempo rubato*[39].

Parece, portanto, que nas origens longínquas da canção grega, a noção de ritmo comportava uma flexibilidade ou indeterminação que não existe no sistema de Aristóxeno: a "copla", célula constitutiva da canção jônica ou eólica, compunha-se de membros que contavam com o mesmo número de sílabas, com cláusula rítmica idêntica, mas que não exigiam uma divisão rigorosa em compassos ou medidas semelhantes. A poesia lírica e a música clássica são herdeiras de alguns desses "membros" populares, sem ousar tocar em sua liberdade de andamento tradicional, e lhes fizeram entrar, para o bem e para o mal, num sistema rítmico fundamentado sobre princípios mais rígidos, análogos aos de nossa música moderna.

---

39 O glicônico de Anacreonte, no início espondaico ou trocaico, termina sempre pelo grupo U $-$ U$-$ e pertence, talvez, a uma construção de ritmo quaternário, com modificação de andamento.

Estrutura Rítmica das Cantilenas

As composições puramente instrumentais, que conhecemos mediocremente por ouvir dizer, eram com frequência fracionadas em *seções* ou *reprises* (de ritmo tanto idêntico quanto variado), e elas mesmas se subdividiam em *cola* de um tipo ordinariamente homogêneo.

As composições vocais ou líricas oferecem uma maior variedade de estrutura rítmica, cujo estudo detalhado entra no domínio da métrica.

Para nos atermos aos principais tipos, representados na coleção de fragmentos anotados, distinguiremos os seguintes:

1. *Composições cujo texto consiste em versos propriamente ditos* (versos postos em música)[40]. Tal é o segundo *Prelúdio à Musa:* dois hexâmetros, seguidos de um glicônico que serve de conclusão.

Os nomos citaródicos de Terpandro consistiam de trechos destacados da epopeia homérica, revestidos de uma melodia. O drama grego ou latino oferece também certos desenvolvimentos ou monólogos cantados, uniformemente compostos de tetrâmetros trocaicos, de versos créticos ou báquios similares.

Composições desse gênero podiam comportar uma melopeia contínua. Por vezes, elas próprias se subdividiam em seções de mesmo comprimento, repetindo-se, em cada uma delas, o mesmo desenho melódico: a repetição desse desenho marcava para o ouvido a divisão em seções. Tal é, provavelmente, o caso da "Lamentação Fúnebre de Hécuba", sobre Heitor, na *Ilíada* (xxiv, 748 e s.) e de certas odes de Safo, divididas em dísticos de dois versos similares (pentâmetros eólicos ou asclepiadeus). É o primeiro rudimento da estrutura estrófica.

O dístico elegíaco entra nessa categoria. Os dois versos que o compõem têm, com efeito, o mesmo tipo rítmico e o mesmo comprimento; a diferença é que, no segundo, duas durações sonoras (sílabas cantadas) são substituídas por silêncios:

---

40 ποιήματα κατὰ στίχον.

$$— \cup \cup \mid — — \mid — — \mid — \cup \cup \mid — \cup \cup \mid — —$$

2/4 x 6   *donec   eris   Felix   multos   numerabis   amicos*

$$— \cup \cup \mid — \cup \cup \mid — \wedge \mid — \cup \cup \mid — \cup \cup \mid — \wedge$$

2/4 x 6   *tempora si   fuerint   nubila   solus   eris**

A antiga aulodia (canto acompanhado pelo aulo) punha em música dísticos desse gênero. Não está estabelecido, todavia, se o desenho melódico se repetia em cada dístico[41].

2. *Composições por sistemas*[42]. Aqui, em lugar de "versos" propriamente ditos, temos uma sequência de compassos (pés) ou de membros (*cola*) similares, agrupados em seções de comprimento variável: é, aplicado à música vocal, o princípio de composição da música instrumental.

a. No primeiro hino délfico, a única unidade rítmica bem clara é o compasso (5/8), indefinidamente repetido. Esses pés idênticos agrupam-se em seções (ou reprises) de comprimento desigual, separados por uma pausa[43]. No interior de cada seção, podem-se distinguir frases ou períodos compostos de um número inteiro de compassos, terminados por uma palavra e por uma ligeira pausa vocal, uma respiração. O segundo hino está, em sua maior parte, construído da mesma maneira; mas sua reexposição final, composta de glicônicos, liga-se à categoria seguinte (sistema de *cola*).

O peônio de Contrapolinópolis (papiro de Berlim) entra igualmente no tipo *a*: o texto compõe-se de uma série ininterrupta de sílabas longas; a melopeia parece dividir-se em compassos de oito tempos simples (grandes espondeus), irregularmente agrupados em frases ou períodos cuja delimitação não é muito visível em virtude do estado de mutilação do texto.

---

*   Enquanto fores feliz, terás muitos amigos
    Quando o tempo se tornar sombrio, estarás só (N. da T.).

41 A ritmopeia particular do segundo verso do dístico bastava aqui para marcar a divisão em dísticos, mesmo com uma melopeia contínua.

42 συστήματα ἐξ ὁμοίων.

43 A existência dessa pausa está ordinariamente marcada: 1º pelo sentido; 2º pelo hiato ou *syllaba anceps*.

b. O elemento indefinidamente repetido, em lugar de ser o compasso (pé), pode ser o *cólon* (membro), ele próprio divisível em compassos elementares. Tal é o caso da *Canção de Trales* (*cólon* de dois compassos de 6/8), do primeiro *Prelúdio à Musa* (mesmo *cólon*)[44], dos dois *Hinos, de Mesomede* (*cólon* de três anapestos e de um iambo), do hino cristão de Oxirrinco (*cólon* de quatro anapestos) e da última reprise do segundo hino délfico (*cola* glicônicas).

As composições desse gênero, quando apresentam um certo comprimento, também comportam uma subdivisão em seções (separados por pausas). O fim de uma seção, o *catalético* (καταλῆξις) deve coincidir com uma parada do sentido literário (fim de uma frase); ela é ordinariamente constituída por um *cólon* que, embora oferecendo o mesmo tipo ou quadro rítmico dos demais, particulariza-se por um agrupamento um pouco diferente dos valores sonoros; por exemplo, por uma *sustentação* ou por um *silêncio* no último pé. O cólon final de todo o trecho apresenta, com mais forte razão, esta figura dita *catalética*, "própria para a conclusão".

Assim, a reprise final do segundo hino délfico compõe-se de quatorze *cola* glicônicos do tipo:

$$U - U - \qquad\qquad - U\ U -$$
$$| \ \text{ou}$$
$$- U - U \qquad\qquad U - U -$$

Os treze primeiros membros têm sempre oito sílabas, mas o último apenas sete e deve, para preencher a duração normal de doze tempos, escandir-se assim:

$$U \ \lrcorner \ -$$
$$- \ - \ - \ U \qquad | \ \text{ou}$$
$$U - \lrcorner{}^{*}$$

θάλλουσαν   φερενίκαν

---

44 No entanto, esse pequeno pedaço pode ser também interpretado como um dístico simples de dois tetrâmetros iâmbicos datílicos; então, entraria no primeiro tipo.

* *thallousan pherenikan,* "que floresce e porta a vitória" (N. da E.).

com uma sustentação de três tempos na última ou na penúltima sílaba[45].

Da mesma maneira, os hinos de Mesomede se dividem em longas seções cujos *cola* são do tipo:

$$\cup\ \cup\ -\ |\ \cup\ \cup\ -\ |\ \cup\ \cup\ -\ |\ \cup\ -$$

Mas o *cólon* final de cada seção se repete sob a forma:

$$\cup\ \cup\ -\ |\ \cup\ \cup\ -\ |\ \cup\ \cup\ -\ |\ \lrcorner\ {}^{*}$$
περὶ   γαῖαν   ἄπασαν   ἑλίσσων

com uma sustentação na última ou na penúltima sílaba. Todavia, nesses primeiros hinos, de época tardia, a figura "catalética" do cólon uniforme reaparece com frequência, e sem razão aparente, no interior das seções, seja por negligência, seja para dar um pouco de variedade a uma ritmopeia muito monótona.

O drama grego abunda em "sistemas" desse gênero; eles são de ritmo anapéstico, iâmbico, trocaico etc. Os sistemas anapésticos, mais frequentes, nem sempre comportam um canto propriamente dito, mas apenas uma declamação bem ritmada com acompanhamento instrumental. Nesses sistemas, divididos em seções ou períodos de comprimento arbitrário, o *cólon* normal é o dímetro anapéstico (dois compassos em C):

$$\cup\ \cup\ -\ \cup\ \cup\ -\ |\ \cup\ \cup\ -\ |\ \cup\ \cup\ -$$

que, no fim da seção, reveste a forma catalética

$$-\ -\ |\ -\ -\ |\ \cup\ \cup\ \text{II}\ -$$
δεινοὶ πλῆθος τ' ἀνάριθμοι[46**]

---

45 A figura de que se reveste, então, o glicônico é conhecida sob o nome de *ferecrácio*.

* *peri gaian hapasan helissōn*, "rodando/dançando por toda a terra" (N. da E.).

46 *Persas*, 40.

** *deinoi plēthos t' anarithmoi*, "uma terrível e incontável mutidão" (N. da E.).

Comumente, como para preparar o ouvinte, esse dímetro final está precedido de um monômetro, quer dizer, de um *cólon* de um só compasso em C:

δεινοὶ δὲ μάχην
ψυχῆς εὐτκήμονι δόξῃ[47][*]

3. *Composições estróficas.* Aqui, as unidades rítmicas elementares (compassos, membros) se agrupam em compostos mais extensos, ditos *estrofes*. A própria estrofe se repetirá várias vezes com seu ritmo e sua melodia idênticos. É o princípio de nossa "ária com refrão" [ou canção com estribilho]. Dela se distinguem duas variedades:

a. A cantilena se compõe, do começo ao fim, de uma série de estrofes *de mesmo desenho rítmico*, indefinidamente repetido; é o tipo monoestrófico. Dele não possuímos nenhum exemplo anotado, mas, na literatura lírica, esse tipo está abundantemente representado, desde as coplas de dois membros de Arquíloco (*epodos*), e as coplas de três ou quatro membros de Anacreonte e dos lésbios, até as odes de Catulo, de Horácio e de seus imitadores. Nos compositores antigos desse gênero (jônicos, lésbios), as estrofes são ordinariamente curtas (quatro membros no máximo), mas Píndaro compôs odes monoestróficas nas quais as estrofes contêm até quatorze *cola*. Quanto aos membros, são às vezes idênticos entre si (Anacreonte), às vezes diferentes, seja pela extensão, seja mesmo pelo gênero rítmico (Alceu, Safo): neste último caso, põe-se a questão se os *cola* heterogêneos não devem ser transpostos para a unidade de compasso, por meio de modificações apropriadas de *tempo* (andamento), quer dizer, por um procedimento análogo àquele que, no próprio *cólon*, permitiu restabelecer a isocronia dos compassos que o constituem. De minha parte, não percebo a necessidade desse nivelamento.

b. No tipo antiestrófico, as estrofes similares estão acopladas duas a duas (*estrofe* e *antístrofe*). Às vezes essa copla simétrica se repete identicamente (até treze vezes), de uma ponta a outra do poema; em outras, este último está composto de uma série de coplas dessemelhantes.

---

47 *Persas*, 28-29.

* *deinoi de makhēn psukhēs eutkēmoni doxēi*, "terríveis no combate pela inabalável convicção de sua alma" (N. da E.)

O primeiro procedimento é aquele do lirismo coral clássico (Estesícoro, Alcman, Simônides, Píndaro, Baquílides); o segundo é aquele da tragédia ática. No lirismo coral, a copla de duas estrofes similares é geralmente seguida de uma terceira estrofe de desenho diferente[48], que se repetirá identicamente após cada copla antiestrófica: essa terceira estrofe é dita *epodo* e o conjunto de três estrofes forma uma *tríade*. Ao contrário, nos coros cantados de pé firme (*estásimo*) da tragédia, o epodo, quando existe, só aparece uma vez, como conclusão, no fim da série das coplas antiestróficas (diferentes) que constituem a cantilena. Existem também combinações estróficas mais complexas, notadamente nos trechos onde um ou dois personagens dialogam com o coro, mas o estudo dessa arquitetura lírica refinada deve ser deixado para obras mais aprofundadas.

As estrofes do tipo antiestrófico são, de ordinário, muito mais desenvolvidas que aquelas das canções monoestróficas; elas podem conter até doze ou mesmo quinze *cola*.

Em geral, os *cola* de uma mesma estrofe pertencem ao mesmo ritmo ou, no máximo, a dois tipos alternativos (dátilo-epítrito, de Píndaro); aqui ainda põe-se a questão da isocronia interior da estrofe, obtida por modificações de velocidade.

Os *cola* possuem, com frequência, extensão desigual e, como a regra de que um *cólon* deve terminar com uma palavra (regra já violada pelos eólicos) não é mais observada, a divisão em *cola* está longe de ser sempre correta. O mesmo ocorre com seus agrupamentos em *períodos* (frases), tentado pelos editores: um período, comportando um breve repouso da voz, deve necessariamente terminar com uma palavra, mas essa regra deixa, comumente, a escolha entre várias combinações, e a divisão só é assegurada, mais ou menos, pelo aparecimento muito irregular do hiato e da sílaba duvidosa.

O sistema de composição antiestrófico só está representado nos fragmentos muito mutilados de um coro do *Orestes* de Eurípides.

---

48 εἶδος ἐπῳδικόν, μέλος κατὰ τριάδα.

Algumas vezes, em Píndaro, o epodo possui o mesmo desenho rítmico das estrofes (6ª Pítica). Suponho que ao menos se diferenciassem pela melodia, sob pena de uma monotonia pouco suportável. Outras vezes (12ª Pítica), falta o epodo. Alguns editores consideram os poemas desse gênero monoestróficos.

A melodia da primeira Pítica, de Píndaro, publicada por Athanase Kircher (1650), segundo um pretenso manuscrito do São Salvador de Messina, é apócrifo.

4. *Composição anabólica* (ritmos livres). A composição estrófica, graças às facilidades que oferece, convinha perfeitamente à lírica coral, cuja execução, mais frequentemente, era confiada a simples amadores. A partir da segunda metade do século v, quando a monodia, cantada por um ator profissional, introduzia-se pouco a pouco no ditirambo, na tragédia e no nomo citaródico (recital de concerto), uma forma de composição mais livre e de execução técnica mais difícil foi adotada para trechos desse gênero. Foi aquela da *anábole* (ἀναβολή)[49]. A longa cantilena se fraciona em reprises desiguais, não oferecendo entre elas qualquer *responsio* [responso], nem estrófico nem antiestrófico. Além disso, em cada retomada, os *cola* de comprimentos e de tipos rítmicos mais diversos se sucedem isoladamente ou por grupos, com uma variedade desconcertante, sem outra regra senão o capricho do compositor ou a conveniência do ritmo para com a ideia ou o sentimento[50]. Aqui, parece inteiramente ilusório querer restabelecer a unidade de medida ou de compasso com a ajuda de não sei quais artifícios metronômicos. É o "estilo desenfreado" (λέξις ἀπολελυμένη), inaugurado pelos Melanípides e Frínis*. Nenhum exemplo anotado nos chegou, que permita distribuir exatamente os valores rítmicos; mas podemos fazer uma ideia muito aproximativa pelos "livretos" subsistentes: ária do frígio, no *Orestes*, de Eurípides, e nos nomos dos *Persas*, de Timóteo. Na ausência de qualquer elemento de simetria, o caráter musical e poético dessas composições apenas se manifesta pelo retorno de certos tipos rítmicos familiares ao ouvido, pelo colorido e pela ênfase de uma linguagem superabundante em metáforas e inversões. Esse novo tipo de composição rítmica persiste

---

49 Aristóteles, *Retórica*, III, 9.

50 No entanto, qualquer que seja a variedade dos *cola* empregados, a regra fundamental de alternância dos levantamentos e das batidas jamais é violada; quando, aparentemente, duas batidas se sucedem no texto escandido, há sempre um espaço para supor uma sustentação ou um silêncio.

* Melanípides, o velho, e seu neto homônimo, compositores de ditirambos da cidade de Melos, conforme informações de Suidas; Frínis de Mitilene, igualmente compositor de ditirambos, o primeiro a ganhar um concurso da Panatenaica, instituído por Péricles (N. da T.).

no lirismo da época Alexandrina (peônio, de Isilo; cantigas, de Plauto; fragmento Grenfell), mas, com o enfraquecimento do sopro poético, ele degenera e se reduz cada vez mais, até não se distinguir de uma simples prosa loquaz: é uma evolução análoga àquela que percorreram nossos poemas operísticos há trinta anos. Na época romana, operou-se uma reação classicizante ou arcaizante: abandonou-se a estrutura anabólica para retornar, senão à arquitetura antiestrófica, decididamente mais solene, ao menos aos tipos simples e fáceis das velhas litanias litúrgicas e da canção em coplas dos lésbios.

Ritmo e Compasso

Os compassos, simples ou compostos, com seus levantamentos e suas batidas obrigatórias, constituem apenas o quadro compartimentado no qual se desenvolve o contorno da cantilena: o ritmo *efetivo* desta última é determinado pela maneira com que o compositor preenche os compartimentos. Quadros idênticos podem tomar um aspecto rítmico bastante diferente, conforme as proporções relativas das durações sonoras que os ocupam. Um exemplo, retirado da música de dança moderna, permitirá fixar as ideias. A valsa e a mazurca são, todas as duas, composições em 3/4, mas enquanto o tipo *normal* de um compasso de valsa é:

o de um compasso de mazurca é:

    O resultado estético é bem diferente em ambos os casos. As danças "modernas" oferecem exemplos ainda mais surpreendentes.
    No que diz respeito ao desenho rítmico das composições instrumentais, nos encontramos em um estado de ignorância quase total. Pode-se crer que o compositor gozasse de uma liberdade quase

ilimitada, pela distribuição de seus *valores* rítmicos, com a condição, bem entendido, de respeitar, rigorosamente, as proporções do acento e do levantamento.

Na música vocal, tão estreitamente ligada ao ritmo do texto poético, a liberdade também não é completa; parece mesmo que, no início, era quase nula. Assim, a medida 2/4 (de pé firme) é modelada sobre o dátilo falado, cujo valor rítmico é — U U. Quando, pois, Terpandro punha em música um trecho de Homero, os compassos sucessivos da cantilena tinham, todos, o desenho rítmico invariável — U U ou — —, conforme o poeta tivesse empregado o dátilo puro ou seu substituto, o espondeu. É o que ainda vemos no estilo arcaizante do segundo *Prelúdio à Musa*: o hexâmetro

— U U | — U U | — — | — U U | — U U | — —*

καὶ σοφὲ μυστοδότα, Λατοῦς γόνε, Δήλιε Παιάν

é traduzido pela ritmopeia estritamente silábica da melodia:

De maneira semelhante, nas canções de Safo e de Alceu, um *cólon* de um tipo determinado tem *sempre* o mesmo número de sílabas longas e breves, distribuídas na mesma ordem; essa regra tão subjugante faz supor que a melopeia conformava-se estritamente às durações do texto poético; por conseguinte, um membro da frase como

ποικιλόθρον' ἀθάνατ' Ἀφρόδιτα**

cantava-se sobre o ritmo invariável[51]

---

* *kai sophe mustodota, Latous gone, Dēlie Paian*, "ó sábio iniciador dos mistérios, filho de Leto, Peã Délio" (N. da E.).
** *poikilothron' athanat' Aphrodita*, "ó imortal Afrodite de ornado trono" (N. da E.).
51 Ver, no entanto, o que foi dito acima (p. 100) sobre as liberdades particulares das duas sílabas iniciais do cólon (em certos ritmos), fornecendo uma "incitação" ou trampolim *ad libitum* (a *base* dos metrificadores modernos).

$^6/_8$ ♩ ♪♩ ♪|♪ ♪♪♪|♩ ♪♩ ♪

Com o progresso da arte lírica, a métrica dos textos poéticos afastou-se, ela própria, dessa estrutura muito monótona, que consistia em preencher o mesmo quadro sempre da mesma maneira. As variações subsequentes introduziram-se com maior ou menor frequência então, segundo a natureza do ritmo considerado[52]:

1. Tomando-se por ponto de partida o tipo normal de pé (por exemplo — ∪ ∪, ∪ —), duas breves podem ser substituídas por uma longa (♪ ♪ = ♩); duas longas por uma de quatro tempos (♪ ♪ ♩ ♩ = ♪ ♪ ♩);

2. Inversamente, uma longa pode ser trocada por duas breves (♩ = ♪ ♪);

3. A sílaba correspondente a um tempo fraco pode ser suprimida, e a sílaba do tempo forte precedente (ou seguinte) alongada na mesma proporção, de maneira a tomar uma duração de três ou quatro tempos unitários. Essa sustentação ou síncopa se produz no fim dos versos ou *cola*, notadamente nas *cola* cataléticas:

$^6/_8$ asc.   ∪ — ∪ — | ∪ — ∪ — | ∪ ∟ — *

Ἔρος με δηῦτε Κύπριδος ϝέκατι

$^6/_8$ desc.   ∪ — | ∪ ∪ ∪ ‖ — ∪ | ⌐ **

Κάδμος ἔμολε τάνδε γᾶν

glyconien $^{12}/_8$ desc. — — — ∪ ∪ ∟ — ***

θάλλουσαν φερενίκαν

Mas ela pode se produzir igualmente no interior:

---

52 Há métricas mais conservadoras em virtude de sua ancestralidade, como o dátilo, por exemplo, que jamais admite a substituição do pé ∪ ∪ ∪ ∪, ou proceleusmático.

* *eros me dēute Kurpidos hekati*, "mais uma vez o amor me [toma] por força de Cípride" (N. da E.).

** *Kadmos emole tānde gān*, "Cadmo andou pela terra" (N. da E.).

*** *thallousan pherenikan*, "que floresce e porta a vitória" (N. da E.).

c (²/₄ asc.)   — II — | U U II —

ἄνδρες πρόσχετε τὸν νοῦν

— II — | U U II —*

συμπτύκτοις ἀναπαίστοις

Aristóxeno cita este verso diiâmbico (6/8)

⌊ U — | ⌊ U — | ⌊ U — | ⌊ U — | ⌊ U — | U — U —**

ἔνθα δὴ ποικίλων ἀνθέων ἄμβροτοι λείμακες βαθύσκιοι

cujo ritmo só se revela, pela leitura, no último pé; da mesma maneira, este verso coriâmbico:

— U ⌊ | — U ⌊ | — U ⌊ | — U U —***

φέρτατον δαίμον' ἀγνᾶς τέκος ματέρος ἄν

4. Certos tempos podem ser ocupados não por sílabas, mas por pausas ou silêncios. Essa "licença" convém igualmente ao final dos versos, mas encontra-se também no meio e já assinalamos um exemplo clássico no verso elegíaco (vulgo pentâmetro):

— U U | — — | — Λ | — U U | — U U | — Λ****

κείμεθα τοῖς κείνων ῥήμασι πειθόμενοι

Essas substituições, das quais decorria uma maior variedade no ritmo efetivo, tornavam esse ritmo às vezes difícil de ser percebido por uma leitura ordinária, que tinha a tendência de fixar para as sílabas longas seu valor normal, ignorando os silêncios. Elas adquiriam todo o seu significado quando o canto se aplicava ao texto poético.

Todas as licenças que nós mencionamos até o presente são *desejadas* pelo poeta, pois fazem parte integrante do texto poético. Mas

---

* *andres proskhete ton noun sumptuktois anapaistois*, "ó homens, prestai atenção no conjunto de anapestos" (N. da E.).

** *entha dē poikilōn antheōn ambrotoi leimakes bathuskioi*, "e lá, imortais prados umbrosos de flores variegadas" (N. da E.).

*** *phertaton daimon' hagnās tekos māteros an*, "a divindade excelsa, filha de mãe sagrada" (N. da E.).

**** *keimetha tois keinōn rhēmasi peithomenoi*, "estamos persuadidos pelas palavras deles" (N. da E.).

o melodista pode, por sua vez, variar de muitas maneiras o conteúdo das durações rítmicas sobre as quais ele opera. Assim, sobre uma sílaba longa do texto, o compositor pode colocar duas, três, quatro notas do canto, seguindo-se que, no ritmo real (querido pelo poeta), essa "longa" é uma longa de dois, três, quatro tempos; ele pode ainda colocar uma nota de um tempo e outra de dois tempos sobre uma longa de três; uma nota de dois tempos e duas de um tempo sobre uma longa de quatro etc. Já Eurípides[53], no fragmento anotado de *Orestes* em 10/8

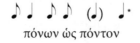

πόνων ὡς πόντον

desdobra melodicamente a sílaba longa ὡς. Os hinos délficos, em sua parte de ritmo peônico (5/8), oferecem inumeráveis exemplos de tais fracionamentos; mesmo o lapicida**, para mais clareza, desdobra graficamente a sílaba, assim decomposta pelo canto. É assim que ele grava:

λιγὺ δὲ λωτόος βρέμων

Encontrar-se-ão outros exemplos dessa troca melódica nos *Prelúdios à Musa*, nos *Hinos, de Mesomede*, nos fragmentos de Contrapolinópolis e de Oxirrinco[54].

---

53 Caso se creia na paródia de Aristófanes (*Rãs*, 1314-1348), Eurípides teria até mesmo abusado dessas decomposições melódicas até colocar seis notas sobre uma mesma sílaba longa (ει ει ει ει ει λίσσετε δακτύλοις φάλαγγες [*ei ei ei ei ei ei lissete daktulois falanges*]): é um verdadeiro "trinado". É provável que o desdobramento melódico tenha sido, de início, feito sobre as sílabas circunflexas que, mesmo na linguagem falada, comportava duas entonações.

* *ponōn hōs pontou* (N. da E.).
** Gravador de textos em pedras (N. da T.).
*** *ligu de lōtoos bremōn*, "bramindo um som límpido do aulo [?]" (N. da E.).

54 Deixo aqui de lado a questão de saber se o melodista podia decompor melodicamente uma sílaba breve; em outros termos, se se encontram *no canto* durações inferiores ao "tempo unitário" da linguagem. De minha parte, estou persuadido que sim. Além do exemplo retirado abaixo do "trinado" das *Rãs*, a interpretação rigorosa dos signos rítmicos da *Canção de Trales* leva a registrar assim o último compasso:

τὸ τέλος ὁ χρόνος ἀπαιτεῖ.

[N. da E.: *to telos ho khronos apaitei*, "o tempo requer o fim"]

A maior parte desses desdobramentos melódicos só fazem introduzir no canto figuras rítmicas que o poeta pôde empregar no texto; há casos que nem isso. Assim, no segundo *Prelúdio à Musa*, composto em hexâmetros, vejam o segundo hemistíquio do primeiro verso:

μουσῶν προκαθαγέτι τερπνῶν*.

A sílaba σῶν está desdobrada melodicamente em duas colcheias; ora, em um verso datílico, a longa do dátilo não pode, metricamente, ser substituída por duas breves.

Por vezes, essas decomposições melódicas, longe de obscurecer o ritmo do texto poético, o revelam em toda a sua clareza. Suponhamos, como ilustração, que só se tenha conservado a primeira linha do texto do epigrama de Seikikos, sem signos de duração:

ὅσον ζῇς φαίνου**

Conforme a quantidade "natural" de sílabas, seríamos tentados a ver ali um dócmio (compasso em 10/8) U — — | U̱ — Λ̄ . Mas a notação bem precisa, conservada na pedra, permite restabelecer o ritmo verdadeiro em 12/8 (ou 6/8):

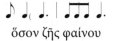

ὅσον ζῇς φαίνου

Na presença da variedade das combinações possíveis, vê-se o quanto é arriscado querer determinar o ritmo efetivo de um extrato lírico um pouco complicado, no qual apenas o texto poético, *nu*, foi conservado. Nos coros de Ésquilo, de uma arquitetura majestosa, mas simples, no qual o mesmo ritmo se mantém durante longo tempo, a tarefa é relativamente fácil. Todo o mundo está de acordo, por exemplo, em reconhecer que no coro iâmbico a linha

βιαται δ'ά τάλαινα πείθω***

---

* *Mousōn prokathageti terpnōn*, "líder das Musas deleitantes" (N. da E.).
** *hoson zēis phainou*, "quão vivo(a) te mostras" (N. da E.).
*** *biatai d' hā talaina peithō*, "eu, a desgraçada, persuado pela força" (N. da E.)

não deve ser escandida conforme o valor "natural" das sílabas: U — — — U — | U — — o que, realmente, não oferece nenhum sentido, mas, com as síncopas necessárias

$$U \lrcorner — | \lrcorner U — | U \lrcorner —$$
βιατᾶι δ᾽ά τάλαινα πείθω

o que restabelece um excelente trímetro iâmbico (6/8). Mas em presença de ritmopeias incessantemente modulantes, como as de Eurípides ou de Timóteo, em que os pontos fixos de comparação estão faltando, a determinação do lugar das síncopas e dos silêncios é algo bem mais delicado, e a musicologia deve comumente saber duvidar e... abster-se.

Frequentemente se fala, sem razão, das "liberdades" que o compositor antigo tomava com o texto poético, posto em música por ele. Em primeiro lugar, músico e poeta eram, geralmente, um só; depois, essas liberdades, já se viu, limitam-se a poucas coisas: a decomposição pelo canto em duas, três, quatro notas (de durações iguais ou desiguais), de uma sílaba longa de dois, três, quatro tempos[55]. As verdadeiras *liberdades* são aquelas que o poeta-músico toma com a duração natural das *sílabas longas*. Pode-se admitir, com efeito, que na linguagem falada, ao menos na dicção sustentada, a sílaba longa valia, aproximadamente, duas vezes a breve; ora, o poeta lhe atribui, na dependência do caso, uma duração de duas, três, quatro e mesmo cinco ou seis breves. Há mais: somente em *certos* ritmos, no 6/8 ascendente (diiambo) ou descendente (ditroqueu), se admite que a colcheia do primeiro iambo, ou do segundo troqueu de uma dipodia, pode estar representada no texto poético por uma sílaba naturalmente longa. É assim que se encontra no ritmo trocaico:

$$— U — — | — U — U | — U — U | — U — \wedge$$
ὦ βαθυζώνων ἄνασσα Περσίδων ὑπερτάτη*

---

55 Assim, no ritmo de cinco tempos (que é o do hino délfico), o grupo silábico — U — pode variar de quatro maneiras diferentes: — U —, U U U —, — U U U, U U   U   U U .

Todas essas figuras se encontram seja na melodia, seja no próprio texto poético; mas jamais se encontram as figuras melódicas U — — ou U — U U, que repugnam o ritmo peônico, e só convêm ao báquico por razões históricas expostas anteriormente.

* *ō bathuzōnōn anassa Persidōn hupertatē*, "ó rainha, a mais poderosa dentre as mulheres persas de longos cingidouros" (N. da E.).

e no ritmo iâmbico:

$$— \ — \ | \ \cup \ — \ \| \ — \ — \ \cup \ — \ | \ \cup \ — \ \cup \ —$$

ὦ τέκνα Κάδμον τοῦ πάλαι νέα τροφή*

No entanto, esse espondeu, que substitui o iambo ou o troqueu, não era pronunciado como um espondeu verdadeiro; dava-se à longa "irracional" um valor intermediário entre $\cup$ e —, ou seja, aproximadamente um tempo e meio. O efeito era como o de um simples *ritardando* do compasso 6/8.

Essa licença havia sido introduzida para a comodidade da versificação, e não no interesse da melopeia; ela também é mais frequente em versos recitados do que em extratos líricos, em que os *cola* trocaicos e iâmbicos são ordinariamente puros[56]. No entanto, ela também penetrou em um ritmo essencialmente lírico, o dócmio, derivado, como já se viu, do diiambo. O tipo normal desse ritmo é:

$$\cup \ — \ — \ | \ \cup \ — \ \overline{\Lambda}$$

Ora, as breves iniciais de cada meio-compasso podem ser representadas por sílabas longas "irracionais"[57].

Ēthos dos Ritmos

A questão do *ēthos* dos ritmos, quer dizer, de seu valor expressivo, de seu significado estético ou moral, preocupou os antigos críticos

---

* *ō tekna Kadmou tou palai nea trophē*, "ó filha do velho Cadmo, jovem nutriz" (N. da E.).

56 No entanto, para nos atermos às árias registradas, temos dois exemplos de espondeu irracional no primeiro *Prelúdio à Musa*: μολπῆς δ᾽ ἐμῆς κατάρχου e αὔρη δὲ σῶν ᾽απ᾽ ᾽αλσέων. (N. da E.: Respectivamente, *molpēs d᾽ emēs katarkhou*, "inicia o meu canto!" e *aurē de sōn ap᾽ alseōn*, "brisa de teus arvoredos".)

57 Fragmento de *Orestes*: $— \cup \cup \quad — | \cup —$

μᾱτέρος   αἵμα σᾱς...

$\cup — — \quad | — —$

τίναξας   δαίμων.

[N. da E.: *māteros haima sās... tinaxas daimōn*, "a divindade atormentou o sangue de tua mãe".]

quase tanto quanto a dos *ēthos* dos gêneros e dos modos melódicos[58].

Já havia indicado algumas opiniões que foram formuladas a esse respeito. Os ritmos de pé firme se opõem aos ritmos de elã, expansivos, como a estabilidade à agitação; o gênero igual é calmo e firme, o gênero duplo é vivo e ligeiro, e o gênero sesquiáltero (3:2), febril e entusiástico.

A análise foi levada mais longe. Cada variedade de ritmo recebeu sua característica e delas se retiraram regras para a conveniência de seu emprego: a majestade do dátilo convém aos cantos de caráter épico; o anapesto, mais marcial e monótono, às canções de marcha ou às lamentações fúnebres; o troqueu, petulante, para as árias de dança, para entradas precipitadas, para diálogos apaixonados. Da mesma maneira, cada um dos seguintes tem seu papel, seu emprego bem determinado: o iambo, mordaz; o epítrito, solene; o coriambo, caro às rondas populares; o jônico, displicente e voluptuoso; o peônio, desigual e tumultuado; o dócmio, angustiado; o glicônio, flexível e acariciante.

A análise das obras-primas do lirismo grego, em particular das odes de Ésquilo e Píndaro, confirma, em grande medida, tais apreciações. Mas é preciso também atribuir uma larga importância às *tradições* dos diferentes gêneros de composição, às predileções individuais de cada compositor e à moda, que, aqui como em qualquer outro lugar, tem, também, sua palavra a dizer.

Modulação Rítmica

Agora se compreendem as estreitas relações existentes entre a intenção expressiva e a *modulação rítmica*. Esta desempenhou um grande papel na música da época clássica; a frequência das modulações rítmicas contrasta com a raridade das modulações melódicas[59] e, em certo sentido, suplementam estas últimas. Já na velha música litúrgica

---

58 Ver os textos reunidos por Amsel, *De vi atque indole rhythmorum.*
59 Cf. Plutarco, *De musica*, c. 21; Dioniso, *De compositiones,* verb. 19.

de aulo, cita-se o nome de Atenas, em cujo primeiro "movimento" o ἀρχή (*arkhē*) estava escrito em 5/4 (peônio epíbato); o segundo, em 6/8 (ditroqueu). Modulações rítmicas em grandes massas (de um par de estrofes para outro) podem ser observadas em vários coros de Ésquilo, testemunhando, com um sentido bem conhecido, a combinação entre forma e pensamento. Na poesia de coplas, esse gênero de modulação não é praticável; no entanto, a monotonia, que logo devia resultar da repetição idêntica de um mesmo desenho rítmico, ao longo de uma série de coplas[60], era atenuado pelo fato de que a própria copla, composta por elementos dessemelhantes, apresentava em seu interior uma ou mais modulações rítmicas[61]. Temos um exemplo musical dessa espécie de variedade (ποικιλία), tão apreciada pelos antigos, no segundo *Prelúdio à Musa*. Essa pequena copla compõe-se de dois hexâmetros dátilos (doze compassos de 2/4), seguidas de um cólon coriâmbico-iâmbico (compasso de 12/8).

As mais majestosas odes de Píndaro e de Baquílides são construídas sobre o princípio da alternância, no interior de cada estrofe, de dois ritmos aparentados, mas distintos: o dátilo — U U e o epítrito — U — —. E se soubermos verdadeiramente escandir as odes peônicas e "logaédicas", constataremos, sem dúvida, misturas e refinamentos análogos: a trama de um ritmo fundamental na qual passam, como num bordado, fios de outra cor.

Desse ponto de vista, a análise de todo o tesouro do lirismo grego nos arrastaria para muito longe. Digamos simplesmente que, se nos coros de Sófocles, de Eurípides e mesmo de Aristófanes, se constata um certo recuo na variedade de ritmos de Ésquilo, o mesmo não acontece com as canções virtuosísticas, as cavatinas confiadas a um virtuoso profissional. O estilo *anabólico* é essencialmente modulante. A ária do Frígio em *Orestes* e o nomo inteiro dos *Persas* de Timóteo são, já se disse, uma cascata ininterrupta de modulações

---

60 Essa monotonia existe, apesar de tudo, e foi por isso que Safo, com seu gosto aprimorado, limitou sabiamente a extensão de suas canções a sete coplas, no máximo. Seu imitador, Horácio não mostrou a mesma discrição: o *carmen saeculare*, que sabemos ter sido cantado publicamente, estende-se por dezenove coplas.

61 Ao menos em Arquíloco e entre os lésbios. O mesmo não ocorre em Anacreonte.

rítmicas (e provavelmente melódicas também), nas quais as transformações sucessivas do ritmo casam-se com as nuanças mutáveis do sentimento e do pensamento. Os alexandrinos, e seu aluno Plauto, se vinculam, de longe, a esse sistema: nos manuscritos de Plauto, as modulações ainda estão assinaladas, para um leitor distraído, com a sigla M (*utantur*) M (*odi*) C (*antici*). Já observei a reação, como sempre excessiva, que se produziu a partir do século II antes de nossa era. Em nossas relíquias da música anotada dessa época decadente, às vezes a modulação rítmica está completamente banida da cantilena (primeiro hino délfico, *Hinos de Mesomede, Peônio* de Berlim), às vezes, nos levando à arte primitiva de Olimpos, ela se reduz a uma mudança de ritmo entre o corpo do poema e a coda (segundo hino délfico).

3. Instrumentos Musicais

Na prática musical dos gregos, os instrumentos musicais[1] eram empregados isoladamente ou em grupos na música instrumental pura e, na música vocal, como sustentação do canto. Deve-se reparar que a música vocal pura, o canto não acompanhado, em particular o canto *a capella* que assumiu um largo e majestoso lugar nas cerimônias religiosas da Igreja Ortodoxa, foi inteiramente negligenciado na Grécia pagã.

Entre os numerosos instrumentos de origem nacional ou exótica que os textos ou monumentos nos fazem conhecer, os dois únicos que alcançaram uma popularidade geral, um valor artístico e educativo incontestável são a lira-cítara e o aulo. Coisa curiosa: nenhum dos dois instrumentos está representado na orquestra moderna.

A lira[2], da qual a cítara (κιθάρα) é apenas uma variedade aperfeiçoada, constitui um instrumento de cordas verticalmente estendidas, de *vibração vazia**, quer dizer, em que cada corda só é suscetível

---

1 ὄργανα. Distingue-se, sobretudo, os instrumentos de corda (ὄργανα ἔντατα) dos instrumentos de sopro (ὄργανα ἔμπνευστα).

2 λύρα. Mais antigamente κίθαρις (a diferenciar de κιθάρα), φόρμιγξ.

* No original, *vibrant à vide* (N. da T.).

de produzir um som único[3]. Sob esse ponto de vista, ela se aproxima da nossa harpa, mas dela se distinguindo porque todas as suas cordas possuem comprimento igual e as diferenças de acuidade são obtidas pela modificação da tensão e, talvez, da espessura. O instrumento tem um timbre grave e viril, não isento de secura.

Na lira, o ressoador ou caixa sonora (ἠχεῖον) consistia, ao menos em sua origem, de uma carapaça de tartaruga, sobre a face côncava, da qual era estendida uma membrana vibrante de pele de boi, presa por piquetas. Dessa carapaça, e atrelados à extremidade inferior, saem dois braços (πήχεις) estreitos e encurvados, primitivamente formados por cornos de cabra selvagem. Na extremidade superior, os dois braços se ligam a uma travessa ou canga (ζύγον), sobre a qual as cordas (χορδαί, νευραί) se enrolam. Estas, de tripa ou tendão de carneiro, passam, aproximadamente nos três quartos de seu percurso, sobre um cavalete (μαγάς) de caniço ou chifre, montado no ressoador, e depois vão inserir-se na extremidade, em um someiro (χορδοτόνιον) que consiste ou de uma pequena placa com ranhuras, uma para cada corda, ou em uma caixa furada com a mesma quantidade de canaletas. A corda é mantida na extremidade inferior por um nó; na extremidade superior (a única móvel) era inicialmente presa por uma correia de couro engraxada, costurada sobre a corda e enrolada ao redor da canga; mais tarde, a correia foi substituída por cavilhas de madeira, de marfim ou de metal[4], que atravessam a canga de fricção e arrastam a corda em sua rotação; conforme se enrole mais ou menos a correia, ou se gire mais ou menos a cavilha, modifica-se a tensão e, por conseguinte, a entonação da corda.

Na cítara, e notadamente na grande cítara de concerto (ἀσιᾶτις), o ressoador é uma caixa larga de madeira, prolongada por braços dobrados e cuja face interna é artisticamente talhada. A parte superior dos braços, acrescentada, é normalmente em marfim. A caixa é recoberta por lâminas vibratórias de chifre ou de couro, que reforçam o som. A proporção entre o ressoador e as cordas é, na lira, e

---

3 Deixo de lado o procedimento raro e ocasional da διάληψις (*dialēpsis*).
4 O mesmo nome de κόλλοψ serve para designar a correia ou a cavilha.

sobretudo na cítara, muito mais favorável do que em nossas harpas, o que assegura ao instrumento grego uma sonoridade melhor.

Para se tocar a lira-cítara, o executante, sentado ou em pé, mantém o instrumento em uma posição quase vertical, com a ajuda de um boldrié (τελαμών)[5], por onde passava o braço direito. Havia duas maneiras de tanger as cordas: diretamente com os dedos, o que se chamava "pinçar" (ψάλλειν), ou com a ajuda de um plectro ou palheta, o que se chamava "tocar" (κρούειν). O plectro (πλῆκτρον), de algum material duro e artisticamente trabalhado, está normalmente suspenso por um cordão à base da estrutura. No solo de cítara, era usual que a mão direita, colocada por fora, executasse o canto com a ajuda do plectro, enquanto a mão esquerda, posta por dentro, pinçasse o acompanhamento diretamente com os dedos.

O número das cordas da lira-cítara variou bastante com o passar dos anos, e essas variações estão estreitamente ligadas ao desenvolvimento da melopeia. A lira primitiva, a "lira de Hermes", possuía apenas sete cordas; a de Terpandro, mais aperfeiçoada, contava com oito, muito provavelmente[6]. Em meados do século v, por adições sucessivas, a quantidade subiu para onze, número com o qual se contenta Aristóxeno em seu sistema de "tons". Cidades-Estados conservadoras, por exemplo a Lacedemônia, proscreviam esse aumento como símbolo de moleza e corrupção; se conhece a lenda segundo a qual os éforos teriam condenado um virtuose, Frínis ou Timóteo, a cortar as cordas excedentes. Entretanto, o progresso não se deteve. No fim do século v ou no início do iv, talvez sob a iniciativa de Timóteo[7], veio ajuntar-se uma 12ª corda (*proslambanómena*) ao grave da cítara de concerto e mais três cordas sobreagudas (hiperbólicas) no alto da escala. Obtém-se assim um cordame de quinze cordas, abrangendo duas oitavas, e esse número foi ainda levado,

---

5 Nessa posição, a corda mais grave encontrava-se na mão direita (*Antologia Palatina* xi, 68), diferentemente de nossos instrumentos de teclado.

6 Plutarco, *Lac. Instit*, 17, mas, em sentido contrário, Aristóteles, *Prob.* xix, 32. Haviam-se atribuído dez cordas para a lira de Terpandro, baseando-se numa frase mal reconstituída dos *Persas* de Timóteo, porém é preciso ler conforme Aron: Τέρπανδρος δ᾽ἐπὶ τῷδε κατηῦξε (e não ἐπὶ τῷ δέκα ζεῦξε).

7 Na época em que compôs os *Persas* (por volta de 379 a. C.), Timóteo só conhecia onze cordas. Ver, no entanto, Ferécrates (frag. 145 Kock) e Anônimo (*frag. Post Censorinum*, c. 12).

pela adição do tetracorde modulante (conjunto), ou ao menos de sua nota característica, a dezesseis ou dezoito. Bem entendido, ao lado desses instrumentos dominantes, a prática dos banquetes e da escola continuou a empregar liras mais modestas, cujo alcance limitava-se a uma oitava ou nona.

A lira-cítara, estreitamente associada ao culto apolíneo, é o instrumento mais difundido no mundo grego. É não apenas utilizado por virtuoses, citaristas e citaredos, sozinho ou associado com outros instrumentos, mas seu estudo, ao menos o dos tipos mais simples, faz parte integrante da educação nacional, particularmente em Atenas. Em Roma, a lira sempre foi um artigo de importação. Também o destino da lira esteve ligado ao do helenismo e ao da religião helênica. O triunfo do cristianismo marcou o começo de seu declínio. A harpa germânica acabou por eliminá-la. O último citaredo mencionado pela história é aquele que Teodorico, rei dos ostrogodos da Itália, enviou como raridade à corte do rei Clóvis.

À lira, instrumento de Apolo, órgão do *ēthos*, opõe-se o *aulo*[8], mais especialmente apropriado ao culto dionisíaco, o órgão do *pathos* (paixão).

O aulo clássico, que se vincula à família da clarineta rudimentar, anterior à invenção do "princípio da quinta"*, compõe-se sempre de dois cálamos (βόμβυκες), tendo de início o mesmo comprimento, nos quais o executante sopra simultaneamente, mas que, em seguida, foram inteiramente separados. Cada um desses cálamos consiste de um tubo aberto em baixo, de forma cilíndrica (κοιλία) e munido de um certo número de orifícios laterais (τρήματα, τρυπήματα), pelos quais o som pode escapar quando o executante os destapa com os dedos. No alto do tubo prende-se um bocal (ὄλμος)[9] em forma de bulbo, no qual se implanta uma lingueta (ζεῦγος, γλῶττα) dupla e batente: a lingueta é uma laminazinha de caniço, dividida em duas partes vibrantes. O auleta

---

8 αὐλός; em latim, *tíbia*. Empregado de maneira isolada, o termo αὐλός [aulos] indica ordinariamente o *aulo duplo*, mas ele possui também o sentido genérico.

* No original, *âme quintoyante*, ou seja, que se ouve em quinta superior, no lugar do próprio som (N. da T.)

9 Literalmente, "tijela". Ele é amarrado ao tubo pelo ὑφόλμιον [hupholmion].

introduz ambas as linguetas duplas em sua boca e, soprando vigorosamente, produz as pulsações das linguetas que, por sua vez, fazem vibrar a coluna de ar aprisionada nos tubos, gerando assim um som mais ou menos agudo, conforme a altura do buraco desobstruído: o som mais grave, o *bordão* (βόμβυξ, como o próprio tubo), é aquele que escapa pelo orifício inferior do tubo, estando os demais buracos tapados.

Como acessórios do aulo, pode-se citar o estojo (γλωττοκομεῖον), onde o artista depositava suas linguetas, enquanto não fazia uso delas, a bainha, onde guardava os cálamos (συβήνη), a fiscela (φορβειά) de que se revestia durante a execução para encobrir o estufamento das bochechas e a deformação do rosto produzida por uma forte expiração e, por fim, a palmilha dupla estalante (κρουπεζία), provida de castanholas, que punha em um dos pés para marcar o tempo.

O material dos cálamos variou conforme a época e o preço do instrumento: o caniço, principalmente o de Copais, fornecia naturalmente o material mais econômico, empregando-se também o buxo, o lótus, o osso e o marfim, mas nunca metal. Quanto às linguetas, elas sempre foram talhadas em um caniço especial (κάλαμος ζευγίτης), cujo cultivo era envolvido por minuciosas precauções: tanto era assim que as duas linguetas de um mesmo instrumento deviam provir, para estarem bem ajustadas, não apenas do mesmo caniço, mas do mesmo pedaço entre os nós.

No correr dos tempos, e com o progresso da técnica, numerosos aperfeiçoamentos foram introduzidos na fatura dos *auloi*, ao menos naqueles destinados a concertos. O tubo de um cálamo esteve habitualmente munido, na extremidade inferior, de um pavilhão (κώδων), mais ou menos alargado, destinado a dar "profundidade" ao som mais grave. O número de orifícios laterais, primitivamente fixado em quatro por tubo (um para cada dedo, servindo o polegar para envolver o tubo), foi aumentado para até doze ou quinze, e o comprimento cresceu enquanto a gama do instrumento se estendia até o máximo de duas oitavas[10]. Naturalmente, um instrumento semelhante

---

10 Havia variedades de *auloi*, graduados de acordo com seu comprimento e diapasão. Aristóxeno distinguia cinco, assim classificados do agudo para o grave: virginais (παρθένιοι), juvenis (παιδικοί), em uníssono com a cítara (κιθαριστήριοι), perfeitos (τέλειοι) e mais que perfeitos (ὑπερτέλειοι).

não podia ser manejado só com a ajuda dos dedos. A escola tebana, tão renomada nos séculos v e iv, imaginou enfiar nos cálamos uma série de argolas de bronze ou latão, perfuradas de orifícios circulares, correspondentes aos orifícios do tubo. Tais argolas, mantidas em uma altura constante por outros anéis fixos e inteiros, eram móveis ao redor do eixo do cálamo: o artista imprimia-lhes rotação com a ajuda de uma lingueta ou palheta, na forma de um chifrezinho (κέρας), pregada ou soldada sobre a argola, de maneira a obturar ou destapar o buraco correspondente. Podia até mesmo abrir o orifício só parcialmente, de maneira a modificar apenas um pouco a entonação do som fundamental, prática que deve ter sido intensa na época do gênero enarmônico[11]. Mais tarde, acoplou-se a certas argolas um pequeno conduto auxiliar (παρατρύπημα)[12], inserido a 90º do orifício principal: o comprimento desses condutos era calculado de tal modo que, levando-os pelo prolongamento do orifício, abaixava-se de um semitom o som normal correspondente a este último. Assim se obteve o aulo cromático, que permitia a prática ilimitada das modulações[13].

Mesmo ao lado desses refinamentos, que não prevaleceram em todos os lugares, o aulo é um instrumento singularmente artificial por sua execução necessariamente em *duas partes*. Nós estamos mal informados sobre o lugar dos orifícios e, por conseguinte, sobre a gama do instrumento; além dos dois "bordões", que soam naturalmente em uníssono, podia haver outros orifícios colocados na mesma altura sobre os dois cálamos. Mas, em princípio, a execução do instrumento era *heterófona*: a parte mais grave, que representa o "canto", se executava no tubo da direita; o acompanhamento, posto em geral no agudo, no tubo da esquerda.

O aulo, ao qual muitas análises antigas atribuem uma origem oriental, parece, no entanto, remontar, na Grécia, à época pré-helênica[14]. Mas, juntamente com o aulo, que acabo de descrever, muitos

---

11 Proclo (*Sobre o Primeiro Alcibíades*, 68) atesta que de um só orifício se podia tirar três sons diferentes: são, evidentemente, os três sons inferiores do tetracorde enarmônico.

12 Quanto aos σύριγγες mencionados por Plutarco e Aristóteles, sua natureza e seu funcionamento permanecem enigmáticos.

13 O aulo se torna παναρμόνιος.

14 Sarcófago cretense de Hagia Tríada.

auloi de tipo bárbaro adquiriram direito de cidadania na prática musical de gregos e romanos. O mais célebre desses instrumentos é o aulo frígio (ἔλυμος), que comportava dois tubos de abertura estreita e de comprimento desigual; o mais longo, que o executante punha à esquerda (*tibia sinistra*), terminava por uma espécie de chifre recurvado, de boca larga; tinha uma sonoridade grave e vigorosa que se apreciava nas barulhentas cerimônias em honra à "Mãe dos Deuses".

O aulo desempenhou um papel notável na arte e na vida dos helenos; às vezes sozinho, às vezes em conjunto com voz ou com cordas, ele é o acompanhamento obrigatório da maior parte das cerimônias religiosas e, por isso, tornou-se predominante no ditirambo e no drama grego que delas saíram. Reina nos banquetes, governa a palestra, a marcha dos soldados, a cadência dos remadores. Os primeiros auletas célebres eram de origem frígia ou misíaca; depois, veio no século VI a escola de Argos e, um pouco mais tarde, a escola de Tebas, de onde saíram virtuoses ilustres, entre os quais muitos exibiram um fausto audacioso. Pouco depois das guerras médicas, o entusiasmo pelo aulo tornou-se universal na Grécia. Na própria Atenas foi introduzido no programa de educação liberal. Mas uma reação o baniu em 430 e só permaneceu na escola entre os tebanos e, mais tarde, em Alexandria. Sua estreita associação com os cultos de Dioniso e de Cibele, particularmente odiosos ao cristianismo, lhe valeu a condenação. Após o século V de nossa era, parece ter desaparecido de toda a prática musical.

Após esses detalhes sobre a lira-cítara e o aulo, colunas da orquestra grega, me bastará mencionar rapidamente alguns outros instrumentos que gozaram, na Antiguidade, de uma onda passageira ou durável.

1. *Instrumentos de cordas* – Na abundante categoria dos instrumentos de cordas, citemos de início, e entre os parentes próximos da lira, o *bárbito*, instrumento de Alceu e de Safo, o companheiro da canção lesbiana, que parece ter sido apenas uma lira mais alongada (com um diapasão mais grave?), e o *clepsiambo* que acompanhava os iambos de Arquíloco.

A família da harpa (cordas oblíquas e de comprimento desigual) era designada sob o nome genérico de *saltérios*, porque os instrumentos desse gênero, todos de origem exótica, eram pinçados com os dedos nus, sem plectro. Distinguia-se a pequena harpa portátil, de forma triangular, ou *trígono*; a grande harpa egípcia em forma de *croissant* ou *sambuca*; a harpa fenícia de doze cordas ou *nabla*[15].

Para a *magádide* e a *péctide*, tem-se dúvida se é preciso classificá-las entre as liras ou as harpas; o único fato seguro é que cada uma de suas cordas fundamentais era duplicada por uma corda que tocava sua oitava aguda, vibrada ao mesmo tempo que ela, como em certos cravos antigos e no novo piano oitavado de Pleyel.

A família do alaúde compreende instrumentos pançudos, com braço, montados com um pequeno número de cordas, às quais se diminuía à vontade, com o dedo, a parte a ser vibrada. A variedade principal, de origem exótica, era a *pandora* (da qual resultaram a *mandola* e a *mandolina*) e que parece idêntica ao tricórdio. Os alaúdes de uma só corda (*monocórdio*) e o de quatro cordas (*hélicon*) serviam principalmente para experiências acústicas.

2. *Instrumentos de sopro* – A família da clarineta, ou mais exatamente dos cálamos tubulares, compreendia, além do aulo duplo:

a museta (cornamusa) ou *ascaula*[16], composta de um ou dois tubos idênticos aos dos aulos, mas soprados por meio de uma espécie de odre, inflado de ar, que o executante pressionava com o braço, provocando assim a vibração das linguetas. Esse instrumento apareceu na época do Império Romano, quando tendeu a substituir o verdadeiro aulo;

o *monoaulo*, cálamo empregado isoladamente, cuja voga data da época alexandrina;

o *plagiaulo* (isto é, o aulo oblíquo), outro instrumento alexandrino: sua lingueta, em lugar de estar alojada no orifício superior

---

15 Quanto ao σαμίχιον (35 cordas) e o ἐπιγόνειον (40 cordas), que tiravam seus nomes de seus inventores, estamos mal informados a respeito de sua natureza; veria neles, naturalmente, harpas horizontais como a *Zither* vienense.

16 Conhece-se, na verdade, apenas o nome do executante, ἀσκαύλης. Em latim, *ultricularius*.

do cálamo, introduz-se obliquamente por um tubozinho lateral, implantado a pouca distância da extremidade (fechada) do instrumento (compare-se com nosso fagote). O som é menos brilhante e mais doce do que o monoaulo.

À família das nossas *flautas* pertence a *siringe monocalâmica* (em latim, *fistula*), pífaro perfurado com tubo fechado e sem lingueta; é soprado diretamente pela beirada do orifício superior e produz um som doce, um pouco assobiado.

Não há comprovação de que os antigos tenham conhecido a flauta transversal, a flauta de orquestra moderna, soprada por orifício lateral. Os instrumentos que, nas figuras de monumentos, foram tidos por flautas transversais não passam, provavelmente, de plagiaulos.

Juntemos numa mesma armação uma série de pequenos tubos, abertos na extremidade superior, e fechados em baixo. Se esses tubos forem de tamanho decrescente (de maneira a desenhar uma escada em suas terminações inferiores) ou, o que dá no mesmo, obturados a certa profundidade por uma tampa de cera, percebe-se que as proporções da coluna vibrante de ar podem ser calculadas de tal sorte que o executante, passando rapidamente seus lábios sobre os orifícios superiores, produz uma gama. Esse instrumento é a *siringe policalâmica*, ou "flauta de Pã". É ela, combinada com a museta, que talvez tenha fornecido a primeira ideia do *hidráulico*, inventado por volta de 250 a. C. por Ctesibio de Alexandria.

Pode-se, com efeito, comparar esse instrumento, o hidráulico, a uma gigantesca "flauta de Pã"; apenas os tubos, de bronze e com dimensão graduada, são verdadeiros cálamos de aulo (mas cada um emite uma só nota), munidos na extremidade inferior por linguetas de madeira. A vibração dessas linguetas, em vez de provocadas por sopro humano, resultam de uma corrente regular de ar que circula dentro do someiro*, onde os tubos penetram. A própria corrente de ar é gerada por uma ou duas bombas acionadas por pistões e alavancas auxiliares (utilizou-se também a força do vento). O ar, assim comprimido por jatos, chega a uma campânula, por intermédio de

---

* Caixa dos foles para onde o ar é remetido (N. da T.).

um tubo recurvado, o qual, por sua vez, mergulha num recipiente cheio d'água. Inicialmente, a água é repelida pela chegada do jato de ar; em seguida, a pressão da coluna de água afasta o ar, que escapa verticalmente por um segundo tubo, alcançando o someiro; nesse vaivém, a água desempenha um papel regulador e serve para equalizar uma pressão descontínua (de resto, nos órgãos de pequeno calibre, análogos ao harmônio, a ação da água é substituída pelo jogo regular de um simples fole de couro; é o órgão *pneumático* que, pouco a pouco, suplantou o hidráulico). O executante, de pé sobre um tamborete, dispunha de um teclado cujo toque abria ou fechava as válvulas convenientes, dispostas no someiro, admitindo assim, em um ou vários tubos, a corrente de ar geradora do som. Os grandes instrumentos apresentavam até dezoito tubos. É até mesmo possível que certos hidráulicos aperfeiçoados tenham disposto de vários registros ou conjuntos de tubos: Tertuliano fala de "batalhões de tubos".

Assim é, em suas grandes linhas, esse instrumento complexo, de uma sonoridade ao mesmo tempo potente e charmosa, com o qual os romanos, desde a época de Augusto, adornaram seus festins e animaram os jogos sangrentos do circo. O hidráulico foi também posto a serviço do culto pagão: uma inscrição em Rodes menciona um organista ligado ao templo de Dioniso e encarregado, parece que como *chantecler**, de acordar o deus todas as manhãs com um pequeno prelúdio. Alguns séculos mais tarde, o hidráulico tornou-se o instrumento por excelência (ὄργανον) do novo culto, o companheiro obrigatório dos cantos da igreja ou, em uma palavra, o órgão cristão.

Resta dizer uma palavra sobre "os instrumentos de metal".

O trompete grego (σάλπιγξ)[17] possuía um tubo de bronze e uma lingueta de osso; dizia-se de origem etrusca. Servia, sobretudo, para toques militares e certas cerimônias religiosas. Na verdade, o solo de trompete figurava no programa de alguns concursos musicais, mas apenas se se tratasse de uma clamação muito forte. Cita-se um

---

* Uma espécie de galo (N. da T.).

17 Era, geralmente, reto, embora os gregos tenham também conhecido o "corne ou trompa de bode" (κέρας). Os romanos distinguiam o trompete reto (*tuba*), o trompete recurvo (*bucina*) e o estridente *lituus*, análogo ao grande tubo do aulos frígio, que termina por um pavilhão encurvado.

trompete que se fazia escutar à distância de cinquenta estádios, quer dizer, quase nove quilômetros.

3. *Instrumentos de percussão* – Eles encontravam seu principal emprego em certos ritos orgiásticos de proveniência oriental. Limito-me a citar os barulhentos *tamborins* (τύμπανα) e os estridentes *címbalos* (κύμβαλα), apropriados aos cultos de Dioniso e de Cibele, os *sistros*, dedicados a Isis, espécie de matracas, e, enfim, as *castanhetas* (κρόταλα, κρέμβαλα), com ou sem guizos, manuseadas pelas cabareteiras sírias ou dançarinas gaditanas, voluptuosas ancestrais de nossas Carmens e Raquel Mellers*.

---

* Referência a Raquel Meller (1888-1962), cantora, cabaretista e atriz de cinema espanhola que alcançou grande sucesso cantando músicas típicas, entre elas *La Violetera* (N. da Revisão).

4. A Prática Musical

A Música na Vida e na Educação

Quanto mais se penetra na intimidade do povo grego, mais se constata o imenso papel que representava a música nas vidas pública e privada. Todo ato com um pouco de consideração na existência urbana ou no ambiente rural – casamentos, funerais, colheita, vindima, banquetes – comportava um elemento musical mais ou menos desenvolvido. O som do aulo regulava a cadência dos remadores e os movimentos dos ginastas; sustentava o elã das tropas em marcha para o combate. Nenhuma cerimônia religiosa – libação, sacrifício, procissão, reza coletiva – podia transcorrer sem cantos e instrumentação. Os concursos musicais organizados para as grandes solenidades religiosas, notadamente as que se revestiam de caráter pan-helênico, atraíam numerosas multidões. E às festas religiosas se vinculavam as representações dramáticas, as grandes execuções corais. O próprio atletismo possuía sua repercussão na música: o retorno de um atleta vencedor à sua pátria servia como pretexto para um festival coral. Pouco a pouco, os concertos, as audições dadas por artistas em turnês tornaram-se tão numerosas que lhes foi preciso consagrar edifícios especiais: Atenas teve dois "odéons", um devido a Péricles e o outro à munificência de Herodes Ático.

* * *

Uma tal floração artística supõe um público conhecedor e uma educação musical bastante difundida. E, com efeito, se as artes do desenho só fizeram uma aparição tardia e tímida nos programas de ensino nacional, a música, ao contrário, inseparável da poesia, fez dela parte integrante quase desde o seu início. Já os heróis de Homero sabiam cantar as proezas dos bravos, acompanhando-se da *forminge**. Lesbos, no tempo de Alceu e de Safo, é como um grande conservatório, onde as alunas se rivalizam, agrupadas em escolas ciosas. No país dórico, o ensino musical, como todos os ramos da educação, era estritamente regulado pela lei: o aprendizado do canto, da cítara e da dança constituía em Creta e na Lacedemônia um dever e, ao mesmo tempo, um privilégio da classe dirigente. As partênias de Alcman fazem entrever a participação das jovens nessa cultura aristocrática: as recriminações de Timóteo, mais do que anedotas suspeitas, mostram o apego persistente dos espartanos aos antigos instrumentos, ao velho estilo severo e "educativo" (παιδευτικὸς τρόπος).

A eclosão do gênero coral no século V supõe um notável desenvolvimento da cultura musical entre a burguesia das cidades dóricas, jônicas e beócias, pois as grandes composições líricas eram cantadas e dançadas não só por artistas profissionais, mas também pelos filhos das famílias educados por um mestre de coro, frequentemente o próprio compositor. Em Atenas, onde o coral apolíneo só viveu uma vida frágil, os coros trágicos e cíclicos que o substituíram são igualmente confiados a executantes cidadãos. Eles testemunham, com menos eloquência, a floração dos estudos musicais na democracia ática, desde a época de Pisístrato até a guerra do Peloponeso. Com

---

* *Phorminx*. Trata-se do ancestral da cítara, dotada de três ou quatro cordas e uma caixa simples de ressonância em forma de meia-lua (N. da T.).

efeito, o estudo do canto e da lira (e durante alguns anos o estudo do aulo) impunha-se então a toda infância de nascimento livre. Até mesmo após o desastre de Siracusa, muitos dos cativos atenienses obtiveram sua alforria cantando canções de Eurípides. O século IV viu o declínio gradual da "música de amador", o que coincidiu com a crescente complexidade do estilo musical. As discussões dos filósofos sobre os modos e os instrumentos mais convenientes à educação da juventude ameaçaram desde então cair no vazio.

Na época helenística, numa Grécia europeia empobrecida, os estudos musicais tornaram-se o apanágio dos privilegiados da fortuna, agrupados desde então nos colégios dos efebos: houve raras exceções, como, por exemplo, na Arcádia, onde os estudos permaneceram obrigatórios para todos até os trinta anos. Na Jônia, ao contrário, assistiu-se a uma verdadeira renovação, tanto na música como nas demais áreas da cultura helênica. Em Teos, um citarista com retribuições anuais de setecentos dracmas instruía as crianças durante os dois primeiros anos da escola primária e depois os efebos. O programa abrangia o solfejo, a execução da lira, com ou sem plectro, a escrita – talvez o ditado – musical (ritmografia, melografia) e a citarodia. Havia prêmios que recompensavam os melhores alunos e concertos públicos anuais que permitiam apreciar seus progressos. Em Alexandria, as práticas do aulo estiveram bem difundidas. O exemplo da melomania vinha do alto: o último Ptolomeu ganhou o apelido de *Auleta*. As salas de concerto não se esvaziavam: mesmo os iletrados possuíam um ouvido tão fino que reconheciam, de passagem, a nota falsa de um citarista.

Durante os dois primeiros séculos do Império Romano, o gosto pela música subsistiu, mas o nível dos estudos musicais baixou pouco a pouco. Os efebos de Atenas (escola do Diogênio) e das grandes cidades da Ásia Menor ainda exerceram em público o canto dos hinos das grandes festas religiosas. Mas esses fatos se tornaram excepcionais; a penúria crescente de cantores voluntários obrigou finalmente, para as cerimônias daquele gênero, a recorrer-se a cantores de colégios especiais de hinódias, aos concursos de artistas dionisíacos ou mesmo à formação de coros de escravos. A música antiga não sobreviveu à ruína da cidade antiga.

Executantes e Concursos

Desde os tempos mais antigos, ao lado dos amadores, dos executantes ocasionais, encontram-se músicos profissionais vivendo do salário que lhes atribuem os reis, os grandes, as cidades. O aedo dos tempos homéricos ocupava uma posição social honrada. Ao contrário, nas democracias dos séculos v e iv, o artista estava exposto aos preconceitos que envolviam todas as profissões mercenárias: era no mais baixo da escala social que se devia posicionar o citarista ambulante ou a intérprete de aulo para festas, paga segundo tarifas determinadas pelos edis atenienses. Diferente, na verdade, era a situação dos talentos fora de série, daqueles que acumulavam o mérito de executante com o de compositor e instrutor, como um Sacadas, um Píndaro ou um Baquílide.

Durante muito tempo se fez uma diferença entre os citaredos e os auletas: estes últimos sofreram do descrédito que se ligava à origem estrangeira ou servil dos primeiros mestres. No começo do século v, Pratinas pôs em seus lugares, duramente, os auletas que queriam ter precedência sobre o coro. A partir do século iv, o preconceito foi se atenuando. Viu-se, desde então, os virtuoses de todos os ramos alcançarem ao mesmo tempo a consideração e a riqueza. Vários obtiveram as honras públicas, antes reservada aos homens de Estado e aos guerreiros. No século iii, um citaredo célebre se fazia pagar um talento [medida equivalente a cerca de 34 kg de ouro] por concerto. Artistas famosos ostentam um luxo insolente em suas vestes, penteados e instrumentos. Roma herdou tradições faustosas das capitais helênicas. Como a Londres moderna, foi o paraíso dos virtuoses, sem que o público fosse muito conhecedor de música. Viu-se o avaro Vespasiano pagar duzentos mil sestércios a dois citaredos por uma só apresentação.

Se as escolas públicas dispensavam o ensino musical elementar, o artista se formava em escolas particulares, nas quais um reputado mestre agrupava em torno de si um pequeno número de alunos ou aprendizes. O preço das lições era medido pela celebridade do mestre. Timóteo pedia o dobro aos alunos que houvessem começado com outro professor. Ao lado de escolas práticas, aparecem, desde o século IV, as escolas de ensino teórico e de estética musical, onde dão aulas os *harmonicistas* (άρμονικοί), o mais célebre tendo sido Aristóxeno.

Nas épocas de sociedades aristocráticas e de cortes suntuosas, os artistas encontravam numerosas ocasiões de desenvolver seus talentos e de se fazerem remunerados. No entanto, a verdadeira fonte da reputação e da fortuna eram os concursos musicais (άγῶνες μουσικοί), complemento obrigatório da maior parte das grandes festas nacionais ou pan-helênicas. Os mais antigos e célebres na época clássica foram os da *Carneia*, da Lacedemônia (676 a. C.); os dos *Jogos Píticos*, de Delfos (582 a. C.); e das *Panatenaicas*, de Atenas, onde os exercícios musicais datam apenas de 450 antes de nossa era. Na época helenístico-romana, o número desses concursos, na Grécia da Ásia e da Europa, tornou-se legião, e aos concursos se ajuntaram os concertos ou "recitais" (άκροάματα), por vezes pagos e por vezes gratuitamente oferecidos aos cidadãos pela cidade ou por um generoso mecenas. Foi assim que Ptolomeu Evergeta I (século III) organizou um concurso especial de citarodia, para o qual os concorrentes ensaiaram muito tempo antes. Possuímos um memorial de um desses concorrentes, titular de uma bolsa particular de estudos, que pedia, modestamente, quinze dracmas por mês, para sua alimentação, além de azeite e vinho[1].

Os prêmios concedidos nos concursos musicais eram, às vezes, puramente honoríficos, mas com frequência consistiam de dinheiro (άγῶνες θεματικοί). A partir do século IV, quando se multiplicam os teatros em pedra, são neles que as provas têm lugar. Os músicos virtuosos trabalham geralmente na orquestra (τεχνῖται θυμελικοί), enquanto seus colegas atores se mantêm em cena (τεχνῖται σκηνικοί). No entanto, uns e outros se confraternizam, isto é, pertencem à mesma corporação. Por volta do ano 300 a. C., começaram a se organizar para defender seus interesses econômicos e profissionais. Um sindicato (σύνοδος) de artistas dionisíacos compreende, além dos artistas de cena e de orquestra, os poetas, os compositores, os decoradores e

1 Ver *Revue Musicologique*, 1925, p. 145 e s.

mesmo os simples aderecistas. Na época helenística, contava-se com uma dezena de federações desse gênero, tendo, em princípio, uma zona territorial delimitada: comercializavam, a seus cuidados, uma série de representações, uma turnê teatral e musical. Sob os Antoninos, tais sindicatos regionais fundiram-se em uma companhia ecumênica que abrangeu, desde então, a totalidade do mundo greco-romano, alcançando os territórios limítrofes com os povos bárbaros.

Os Gêneros de Composição Musical

O repertório da música antiga abrangia um grande número de divisões, e a sutileza dos gramáticos multiplicou as ramificações. Nem todos os gêneros tiveram, ao mesmo tempo, sua época de floração e alguns só gozaram de uma voga efêmera. Lá, como em outros lugares, os gostos variavam e a moda, caprichosa, exerceu sua influência. Sem nos perdermos em detalhes insípidos das nomenclaturas, tentemos definir as formas principais da produção musical, e rascunhar as etapas de sua evolução.

1. O primeiro de todos os gêneros, pela antiguidade e pela dignidade, foi a citarodia (κιθαρῳδία), da qual a lirodia é apenas uma variante menos estimada. É um solo vocal em que o cantor, com frequência o próprio compositor e poeta, acompanha-se na cítara. O citaredo profissional deve possuir uma voz de tenor. Aparece vestido em público com uma longa saia bordada e arrastante, a cabeça coroada de louros. Seu instrumento, de grande dimensão, é a cítara lesbiana ou asiática. Em princípio, acompanha seu canto pinçando as cordas da mão esquerda; durante o repouso do canto, executa um interlúdio instrumental com a mão direita, armada do plectro.

O repertório da citarodia é bastante variado. Na origem, comportava sobretudo fragmentos da epopeia, posta em música, que o artista fazia preceder de um proêmio (προοίμιον), ou prelúdio, ao seu gosto. Vários desses proêmios sobreviveram na coleção dos hinos homéricos; os dois *Prelúdios à Musa* oferecem deles uma amostra. Mas a peça de resistência da citarodia é o *nomo* (νομός), a grande ária de concerto consagrada a Apolo; é ela que constitui o trecho do concurso nos jogos dos Carneia, depois nos Píticos e nas Panatenaicas, o mais largamente recompensado dos exercícios musicais. Em sua forma definitiva, tal como foi fixada desde o século VII, o nomo é uma composição bastante desenvolvida, consistindo de sete partes, com seus nomes tradicionais: ἀρχά (início), μεταρχά (segundo início), κατατροπά μετακατατροπά, ὄμφαλος (centro), σφραγίς (desfecho), ἐπίλογος ou ἐξόδιον (epílogo). O assunto, afora a invocação obrigatória a Apolo, parece ser *ad libitum*; o ritmo, na origem, é necessariamente o hexâmetro datílico. Mais tarde, primeiro tímida e, depois, copiosamente (com Frínis), associou-se o hexâmetro a ritmos líricos, emprestados ao ditirambo. Finalmente, esses ritmos, caprichosamente distribuídos, preenchem o nomo inteiro. Um tipo de nomo em "estilo novo", com ritmos "livres" e dicção tumultuosa e brilhante, são os *Persas* de Timóteo, do qual nos chegou um notável fragmento.

A citarodia floresceu inicialmente na escola lésbica, que exerceu uma primazia indiscutível após Terpandro (c. 675 a. C.) e até Periclito, (c. 560 a. C.). Foi ainda um lésbio, Frínis de Mitileno, quem, no século V, a conduziu por caminhos novos. No começo do século IV, Timóteo de Mileto e Polido, este já em seu término, criaram obras-primas e clássicas por longo tempo. No final da Antiguidade, o grande nomo passou de moda, a citarodia confinou-se a composições mais limitadas, como nos hinos planos e monótonos de Mesomede, favorito do imperador Adriano, do qual temos dois exemplos.

Pode-se vincular à citarodia, ou mais exatamente à lirodia, a ampla floração das canções monódicas – canções de amor, canções de beber, canções políticas e satíricas. Foram, ao menos na origem, acompanhadas pela lira ou instrumento similar de corda (Anacreonte, Alceu, Safo). Um lugar à parte reserva-se às poesias iâmbicas (Arquíloco etc.), das quais umas eram cantadas e outras apenas declamadas, ao som de um instrumento especial, o *clepsiambo*.

2. À diferença da citarodia, a aulodia (αὐλῳδία) exigia o concurso de dois intérpretes: de um cantor (αὐλῳδός) e de um tocador

de cálamo (αὐλητής). Aqui, é o cantor a estrela e, nos concursos, quem recebe o prêmio único. Embora uma duvisosa tradição tenha atribuído as composições desse gênero a músicos do Peloponeso do século VII (Árdalo, Clonas), tudo leva a crer que a aulodia, como o próprio aulo, seja de origem asiática. Seu primeiro grande mestre foi um jônio, Polimnesto de Cólofon (c. 600 a. C.). A aulodia teve seus nomos, como a citarodia, compostos inicialmente em hexâmetros e, sobretudo, em dísticos elegíacos; mais tarde, também como na citarodia, os "ritmos livres" prevaleceram: as monodias dramáticas de Eurípides e de Plauto, acompanhadas pelo aulo, podem nos dar uma longínqua ideia das composições desse gênero.

A aulodia nunca obteve, no sentimento popular, o prestígio da citarodia. Criticava-se o seu caráter um pouco lúgubre e se lhe censurava não só cobrir as deficiências, mas a própria voz do cantor. "Os auletas, diz Cícero, são recrutados entre os citaredos que não deram certo". Após uma curta aparição no programa dos concursos píticos (c. 582 a. C.), a aulodia foi suprimida, mas se manteve nas Panatenaicas, nos jogos de Oropos e em outros lugares.

3. Enquanto a aulodia se apaga perante a citarodia, em matéria de solo instrumental é o fenômeno inverso que se constata: o solo de aulo (ψιλὴ αὔλησις) é mais querido e difundido do que o da cítara (ψιλὴ κιθάρισις). No século IV se conservavam, e os conhecedores ainda os admiravam, antigos nomos auléticos, de um estilo solene, atribuídos a um ou a vários personagens de Olimpo, e que assim traíam sua origem frígia ou misíaca. A escola de Argos do século VI (Sacadas, Pitócrito) e a escola de Tebas, nos séculos V e IV (Diodoro, Prônomo, Antigênidas, Dórion), ao mesmo tempo que aperfeiçoavam a fatura e a técnica do instrumento, enriqueciam a literatura aulética com uma profusão de árias célebres.

A aulética abrangia um repertório abundante e variado: prelúdios (dizia-se que Timóteo houvera composto mil), interlúdios, árias de libação, árias fúnebres, árias consagradas à mãe dos deuses, ritornelos tradicionais para festas, núpcias e banquetes, canções de marchas militares e de procissão. Mas a "peça mestra" do gênero era o solo de concerto, introduzido desde 582 a. C. no programa dos jogos píticos[2] e que, desse momento, espalhou-se por todos os concursos análogos. O nomo pítico, assim ele se denominava, comportava um plano oficial, ao qual todos os concorrentes deviam se conformar, e que só foi modificado no século III por Timósteno, almirante de Ptolomeu Filadelfo. O tema obrigatório era o da vitória de Apolo sobre o dragão, dividida em cinco episódios; alguns, notadamente o que evocava o sopro ruidoso do monstro, demandavam efeitos imitativos; temos aí o exemplo ancestral de toda "música de programa", que em nossos dias tanto se desenvolveu.

Ao solo de aulo se junta o *duo concertante* de dois aulos duplos (συναυλία), que obtinha um lugar no concurso das Panatenaicas e que Aristófanes parodia. Parece que se tinha uma obra dividida em quatro partes, mas já se disse que, em virtude da exclusão do acorde de três sons, quando dois *auloi* tocavam em conjunto, o número de partes reais sempre se reduzia a duas.

4. Ao lado da aulética, árvore de mil galhos, a citarística (solo de cítara em duas partes) é uma figura modesta; como em certos concertos modernos, ela parece ter valido principalmente pelo arabesco dos ornamentos e pelas oportunidades que fornecia ao artista de demonstrar a agilidade de seu dedilhado. Um certo Lisandro de Sicione (século VI) passa por ter criado o modelo do gênero. No século IV, Estratônico de Atenas lhe trouxe novos refinamentos. Desde 558 a. C., o nomo citarístico figurou no programa do concurso pítico.

5. Gêneros mistos – A despeito ou por causa de seu caráter estético tão diferente, o aulo e a cítara não desprezavam seu casamento nem o empréstimo mútuo de seus repertórios. O duo de aulo e cítara (ἔναυλος κιθάρισις)[3], em que esta última conservava seu papel condutor, nasceu na escola de Epígono de Ambrácia e também foi

---

2 Daí o nome de πυθαύλης [*puthaulēs*] para designar o auleta solista por oposição ao χοραύλης [*khoraulēs*], que acompanha um coro.

3 Os nomos citarísticos com acompanhamento de aulo possuem o inexplicável nome de παριαμβίδες [*pariambides*].

aperfeiçoado por Lisandro de Sicione. Ateneu menciona uma ária de libação (σπονδεῖον) a Dioniso, composto para aulo e transcrita para cítara. Inversamente, um interlúdio musical para cítara (κιθάρισμα), inserido por Eurípides nas *Bacantes*, foi executado dois séculos mais tarde, em um concurso, por um auleta[4].

6. O lirismo coral, cujas origens remontam até uma época primitiva, por certos cantos rústicos ou populares, teve seu impulso definitivo em cidades aristocráticas dóricas, no século VII. Pode-se datar o começo de sua floração quando foram instituídas as *Gimnopédias,* na Lacedemônia, em 666 a. C. O gênero continuou a brilhar na segunda metade do século V. Entre os mestres da época arcaica (século VII) mencionam-se sobretudo Taletas de Gortine, Xenódamo de Citera, Xenócrito de Locres e o lídio Alcman; entre os da época clássica (aproximadamente 600-440 a. C.), brilharam os nomes de Estesícoro, Íbico, Simônides, Baquílides e Píndaro. Convertida em uma verdadeira instituição pan-helênica, a poesia coral adotou uma linguagem artificial, de base dórica, fortemente misturada de elementos épicos, e uma disposição antistrófica, geralmente em tríades, a qual se fazia retroceder a invenção a Estesícoro; essa disposição facilitava a execução, confiada, como se sabe, a coreutas amadores, homens, mulheres e crianças de bom nascimento, dirigidos por um mestre de coro. O acompanhamento instrumental era fornecido, conforme o caso, pela cítara, pelo aulo, ou ainda por ambos.

Essas composições que o gênio lírico prodigalizava com estonteante fecundidade, aos pedidos múltiplos de particulares, cidades e templos, os gramáticos as repartiram em numerosas variedades. Suas classificações estavam baseadas sobre princípios diversos. Ligava-se à divindade honorificada? Distinguia-se o *hino* dedicado a todos os deuses, indistintamente, o *peônio* consagrado a Apolo, o *ditirambo*, a Dioniso, ou se considerava antes a ocasião do canto? Distinguia-se o canto processional (*prosódio*), o canto de luto (*treno*), o himeneu, a canção de mesa (*escolio*), o elogio (*encômio*), a ode triunfal em

---

4 *Bull. corr. hell.* XVIII, 85.

honra de um vencedor de jogos públicos, atleta, músico ou simples proprietário de cavalos de corrida (*epinício*). A associação do canto coral com os movimentos expressivos da dança, executados por um grupo especial, caracterizava o *hiporquema*; o grupo feminino de cantoras, a *partênia*. É preciso deixar à história da literatura o detalhe mais aprofundado sobre uma nomenclatura fértil em empregos duplos, que mesmos os antigos nem sempre viam claramente: mais de uma ode nada triunfal extraviou-se, por exemplo, na coletânea dos *Epinícios* de Píndaro.

A decadência do lirismo coral, consequência do declínio do espírito cívico e do sentimento religioso, começou desde o final do século v, acentuou-se no IV e se precipitou após Alexandre. Não que a produção se tenha esgotado: poder-se-ia citar uma longa lista de hinos e de peônios que se acumulam entre Filodamo e o Anônimo de Ptolemais. Mas esse lirismo acadêmico não se eleva além do medíocre, e o gosto público dele se afastou. Acrescentemos que, quando os coreutas sagrados se tornaram ordinariamente profissionais, a forma antistrófica foi habitualmente abandonada em favor da fatura livre[5], quando o poeta não retorna ao velho hexâmetro de Terpandro, considerado arcaico[6]. Os hinos, ou melhor, os peônios délficos do fim do século II a. C. conservaram algumas amostras típicas do estilo melódico e poético desta sábia Musa, mas já um pouco sem fôlego.

7. Um gênero singular que se tentou ressuscitar em nossos dias sob o nome de melodrama foi o poema simplesmente declamado, com acompanhamento instrumental. Os antigos atribuíam a Arquíloco essa invenção a que chamavam *paracatáloga*. Reservada de início aos textos iâmbicos, foi depois ampliada para outras métricas. No tempo de Xenofonte, o ator Nicóstrato assim recitava, ao som de um instrumento, tetrâmetros trocaicos*. Reencontraremos essa forma musical nos complexos conjuntos da tragédia e do ditirambo.

---

5 Peônio de Isilo, hino de Aristônoo a Héstia, hinos délficos etc.
6 Hinos de Calímaco. Mas eram eles realmente destinados à execução musical?
* Versos de quatro pés, cada um deles contendo uma sílaba longa e outra breve (N. da T.).

A esse mesmo princípio, e com o mesmo rigor, se ligam os cantos militares dos espartanos (*embateria*), recitados em coro pelos soldados em marcha, enquanto o aulo ritmava a cadência dos versos e dos passos. Somente neste caso os anapestos parecem ter sido pronunciados com ênfase, martelados de alguma forma.

8. Falta mencionar as grandes composições dramáticas, de um caráter complexo, cuja partitura comporta elementos variados, emprestados dos vários gêneros que acabo de enumerar.

A *tragédia* clássica é construída mais ou menos sobre o tipo de nossas antigas óperas cômicas. O diálogo propriamente dito (ordinariamente em trímetros iâmbicos ou tetrâmetros trocaicos) não apresenta nenhum elemento musical. Os anapestos do coro (ou melhor, do corifeu) são declamados ao som de aulo, que lhes dá a cadência. Alguns trímetros falados pelos atores, mas inseridos em uma cena lírica, comportam também um acompanhamento instrumental: é a *paracatáloga*, pela qual os críticos antigos assinalavam o efeito trágico. A parte lírica propriamente dita, na antiga tragédia, consiste sobretudo de cantos que o coro executa, de pé firme, na orquestra – donde o nome *estásimo* – durante os intervalos da ação: são odes de estrutura antistrófica, acompanhadas de lentos movimentos coreográficos (*emelia*)[7]. Certas cenas, ordinariamente de caráter fúnebre, consistem de um canto alternado entre o coro e os atores (*como**).

Por volta do fim do século v, os cantos do coro perderam extensão e interesse: fracamente ligados à ação, já são apenas "acecipes" (ἐμβόλιμα). Ao contrário, o lirismo instala-se como o mestre de cena: os atores, com movimentos patéticos, se livram de verdadeiras

---

7 No drama satírico, a grave *emmeleia* cedia lugar à petulante *sikinnis*.

* O termo grego *kōmos* (κῶμος), cuja forma vernaculizada é *como*, designa genericamente "grupo de pessoas alegres", especialmente em ocasiões de festividade (P. Chaintraine, *Dictionnaire Étymologique de la Langue Grecque*, Paris: Éditions Klincksieck, 1968, p. 606). Por conseguinte, ele se refere, em específico, às festas dóricas com cantos e danças em honra do deus Dioniso, e, por extensão, a festas com cantos e danças que acontece nas ruas, como, por exemplo em comemoração a vitórias em jogos esportivos. Na tragédia, especificamente, designa um canto que visa realçar momentos não só de alegria como de lamento, ou ainda de indecisão de alguma personagem, por meio de um conjunto de versos cantado em alternância entre o(s) solista(s) e o coro.

cavatinas (ária do frígio em *Orestes*); às vezes, aparece até mesmo um duo. A importância crescente da parte musical obriga o poeta a se associar a um músico de profissão: "trechos" favoritos se destacam da partitura e se prestam a execuções separadas. A tragédia contém ainda um prelúdio e, na ocasião, interlúdios instrumentais. O instrumento é, em princípio, o aulo; um só auleta constitui toda a sinfonia. Mas também às vezes, conforme o tema, a cítara faz a sua aparição. Por exemplo, no interlúdio das *Bacantes*, no *Tâmiris*, de Sófocles e, sem dúvida, nos deliciosos *Icneutas*, que celebram o nascimento da lira de Hermes.

A *comédia* ática do século v, embora proveniente de fontes bem diferentes daquelas da tragédia, acabou por se modelar segundo esta aqui. Em grandes linhas, ela reproduz sua estrutura musical. No entanto, os cantos do coro – envolvidos no turbilhão da licenciosa *cordax* – são mais curtos e movimentados. A *parábase*, espécie de intermédio que intervém no meio da peça, e na qual o coro se dirige diretamente ao público, é como sua síntese musical: ela envolve simultaneamente partes recitadas, partes declamadas ao som do aulo e partes cantadas. Cedo também a comédia conheceu as arietas dos atores: as melodias do velho Cratino eram célebres. Tais arietas subsistiram na "comédia média" (primeira parte do século iv), após a supressão do coro cômico. A "comédia nova", de Menandro, renunciou a ela e só conservou interlúdios, dançados ou instrumentais, executados entre os atos[8].

O *ditirambo* é para nossa cantata o que a tragédia é para a ópera cômica. Muita obscuridade paira sobre a origem desse gênero. Nascido, como se diz, em Corinto, não foi de início senão uma das numerosas variedades do coral lírico, de estrutura antistrófica como os demais. Distinguia-se, no entanto, pela disposição circular do coro – cinquenta executantes agrupados ao redor do auleta condutor –, pelo modo frígio consagrado à sua melopeia, por sua dança um pouco orgiástica (τυρβασιά) e, enfim, pela invocação regular do deus (Dioniso), em honra de quem havia sido instituído. O corpo

---

8 Não estamos suficientemente informados sobre o papel e a característica da música nos gêneros paródicos e na farsa (mimo), dos quais a literatura grega possui numerosas variedades.

do poema englobava com mais frequência um relato heroico[9]. Segundo consta, Laso de Hermíone (mestre de Píndaro) aclimatou o ditirambo em Atenas, onde gozou de grande popularidade; o estilo musical de Laso, que se adaptava ao caráter tumultuoso, imaginativo e versátil deste "carnaval divino", se impôs aos sucessores.

No primeiro terço do século v, Melanípides revolucionou o ditirambo, introduzindo o elemento dramático: um personagem, provavelmente o corifeu, destacou-se do coro e dialogou com ele, encarnando o herói em lugar de simplesmente contar suas infelicidades[10]. Depois, o compositor tornou-se mais audacioso: renunciando à estrutura antistrófica, substituiu-lhe por ritmos livres, por desenvolvimentos de duração desigual (ἀναβολαί). Os sucessores de Melanípides – Telestes, Cinésias, Crexo, Timóteo – concluíram assim a constituição de um novo gênero lírico-dramático, que fez furor e alcançou seu apogeu com Filóxeno de Citera, contemporâneo de Alexandre. O ditirambo converteu-se então em uma verdadeira operazinha com seus solos[11], seus coros, seu melodrama, seu estilo especial, cheio de imagens audaciosas, uma profusão desconcertante de ritmos, uma melopeia sensual e florida, modulante e cromática, imitando tanto o balido do rebanho quanto o roncar da tempestade e os suspiros de Sêmele desejando o filho.

Logo o gênero foi esgotado por uma produção febril. O ditirambo "ópera" viveu a partir da época alexandrina: o coro cíclico subsiste, embora reduzido em número; o auleta[12] desempenha aí o papel principal e aparece à frente, ou mesmo sozinho, na lista dos laureados.

O real herdeiro do novo ditirambo, e a última criação do gênio musical grego, foi a *pantomima*. Já encontramos, a cada passo desta revista dos gêneros musicais, a dança coletiva, combinada com o canto

---

9 É por essa razão que os gramáticos alexandrinos classificaram como ditirambos odes de Xenócrito, de Praxila, de Baquílides, com tema heroico, nas quais, frequentemente, não há traços de culto a Baco: são assim os célebres "Jovens", de Baquílides, que terminam por uma invocação a Apolo.

10 Baquílides precedeu ou acompanhou essa mudança em seu poema *Teseu*, no qual faz dialogar Egeu e o coro ateniense. Esta forma evoluída de ditirambo é calcada sobre a tragédia, e está longe de tê-la inspirado, como acreditou Aristóteles.

11 Não é certo que o ditirambo tenha comportado mais de um ator.

12 κύκλιος αὐλήτης, χοραύλης.

e com os instrumentos[13]. Certas danças, particulares a certas povoações, tinham desde a origem um caráter imitativo[14], enquadrando-se, às vezes, em um relato ou em uma ação mitológica. Artistas conhecidos executavam danças individuais do mesmo gênero: em um banquete descrito por Xenofonte, um siracusiano e sua trupe representam um verdadeiro balé, tendo por tema *Ariadne e Dioniso*. Esse balé mitológico respondia admiravelmente ao gosto superficial e frívolo do público de Alexandria. Ele invadiu pouco a pouco o teatro, em prejuízo da tragédia. De lá, emigrou para Roma onde, no tempo de Augusto, os célebres dançarinos Pílade e Batile lhe deram forma definitiva.

A pantomima greco-romana, que reinou soberana em cena até o fim da cultura antiga, é uma ação mimada, isto é, representada apenas por gestos, sobre um assunto mitológico. Pode haver aí diversos dançarinos, mas o interesse se concentra sobre o primeiro, o protagonista, que por vezes alcança uma graça e uma virtuosidade incríveis. Uma orquestra numerosa, variada, barulhenta, acompanhava a ação ou preenchia os intervalos. Um coro de cantores intervinha de um tempo a outro para explicar a um público bastante grosseiro a marcha do drama e marcar com firmeza o tempo com a ajuda do *scabellum*[*]: era o equivalente das legendas projetadas que facilitam para os espectadores a compreensão dos filmes. De uma maneira geral, o que representa mais exatamente a pantomima antiga no repertório moderno é o cinema[**].

A Evolução da Música Grega

Para concluir, experimentemos resumir, em uma proposição concisa, a história geral da música grega, tal como ela aparece nessas considerações sobre a evolução de seus diferentes gêneros.

---

13 Já Taletas havia composto a música para uma *pírrica*.

14 A *caprea* dos enienses etc.

[*] Instrumento percussivo de uma nota só, tocado com os pés (N. da T.).

[**] Essa observação deve ser considerada de acordo com a época, ou seja, a do cinema mudo (N. da T.).

No início, após os tateios obscuros dos primeiros tempos, uma arte quase hierática, caracterizada por um pequeno número de instrumentos de escalas curtas; por melodias simples, sem modulações, nas quais predominam a escala diatônica, por vezes defectiva; por ritmos pouco numerosos, às vezes aqueles da elegia ou do poema heroico, às vezes muito lentos e solenes, como os cantos da igreja. É a época dos nomos citaródicos de Terpandro e de seus sucessores, com suas melopeias silábicas, vestimenta transparente do texto poético. É a época em que o aulo, importado do estrangeiro, acaba de se naturalizar grego, mas ainda se confina às cantilenas sóbrias e graves do estilo espondaico. A música destas idades de crença (750--600 a. C., aproximadamente) está ligada sobretudo aos templos. No entanto, em uma região de cultura precoce, a Jônia, por volta de 650, Arquíloco, o primeiro lírico "subjetivo" e profano, com seus ritmos vivos e ágeis, emprestados de danças populares, e com suas tentativas de acompanhamento heterófono, anuncia uma arte mais livre, mais ousada e mais variada.

Vem, em seguida, o período do estilo severo ou "educativo" (aproximadamente entre 600-450). Ele tem como precursores aqueles que organizam o programa musical das Gimnopédias, os criadores da "2ª instituição musical" da Lacedemônia: Taletas, Xenódamo, Xenócrito, Polimnesto, Sacadas. No início desse período, e um pouco fora da corrente principal, situa-se a bela floração da canção eólica (Alceu, Safo) e jônica (Anacreonte, Pitermo), seguida um pouco adiante pela canção beócia (Corine). O solo de aulo (nomo aulético), convertido, em Delfos, em ária de programa, rivaliza em importância, a partir de então, com o nomo citaródico.

Mas o traço essencial do período é o desenvolvimento incomparável da lírica coral, com Alcman, Estesícoro, Íbico, Píndaro, Simônides, Baquílides; Píndaro, sobretudo, permanece para a posteridade como exemplo clássico e inimitável no gênero. As composições desses mestres e de seu êmulo no domínio trágico, Ésquilo, distinguem-se pela magnificência variada das arquiteturas rítmicas. Ao contrário, a melopeia, ainda simples e monótona, continua subordinada docilmente ao texto poético, que fica em primeiro plano. O sistema dos "modos" nacionais ou importados se completa com harmonias novas, criadas em todas as suas espécies (lócrio, mixolídio, hipolídio), mas a mistura dos modos, as modulações modal e tonal são ainda desconhecidas e, aliás, dificilmente se realizariam com os cordames tão reduzidos que se dispunham. No entanto, ao lado de velhos instrumentos nacionais, essa época introduz na prática musical uma quantidade de instrumentos exóticos, de onda frequentemente passageira. De outro lado, o aulo começa a estender seu alcance e recebe refinamentos técnicos que lhe permitem, no acompanhamento do ditirambo, uma melopeia mais variada. Durante o meio século das guerras médicas, esse instrumento goza de um prestígio extraordinário e penetra na educação musical, mesmo em Atenas. É sob sua influência que o gênero enarmônico, tão artificial, invade a melopeia, principalmente na tragédia, e destrona, pouco a pouco, o diatônico. O primeiro inovador ao qual se faz retroagir o germe da transformação da época seguinte – Laso de Hermíone, o mestre de Píndaro – foi, antes de tudo, um ditirambista, quer dizer, um compositor para o aulo e o canto. A essa época fecunda pertence, enfim, o começo das pesquisas acústicas (Pitágoras, Laso) e da crítica ou, antes, da filosofia musical e, provavelmente também, o da notação.

De 440 a 300 a.C., aproximadamente, reina o estilo denominado, por críticos conservadores, de "teatral, popular, florido". Pouco a pouco, o coral nacional e religioso cai em desuso. Em seu lugar desabrocha a virtuosidade dos cantores e dos instrumentistas de profissão, que se exibem em concertos ou em representações dramáticas (tragédia, novo ditirambo). A cantilena abandona a disposição antistrófica: a ritmopeia se emancipa de todo o freio e o texto, convertido com frequência em simples pretexto, nada mais é do que uma prosa cheia de imagens, cujo ritmo só se torna perceptível pelos valores, em grande parte arbitrários, dados às durações musicais. O poeta se separa do compositor e se apaga às vezes por detrás deste último. A melopeia, carregada de ornamentos, torna-se, ela também, essencialmente modulante: graças ao nivelamento trazido para a estrutura dos modos antigos, graças à extensão ampliada dos cordames instrumentais, ela passa facilmente, em uma mesma composição, às vezes em uma só reprise, de um modo a outro, de um tom a outro. Não há mais severidade nem *ēthos*. O músico visa, antes de tudo, o efeito: procura ofuscar, seduzir, incensar o ouvido, mas também exprimir, pelas mais vivas cores, toda a gama das emoções e das situações. Daí também o abandono do gênero enarmônico e o prestígio crescente do cromático, com suas carícias e angústias, seus murmúrios e soluços.

Os dois instrumentos nacionais, a cítara e o aulo, transformam-se para satisfazer novas necessidades: por aumentos sucessivos, o número de cordas da lira chega a quinze; a invenção de virolas com tubuladuras concretiza o aulo cromático, que se presta às fantasias de uma virtuosidade refinada.

Os autores dessa revolução musical, pois ela é uma, são, no último terço do século v, o citaredo Frínis, os ditirambistas Telestes e Cinésias. Eurípides e Agatão introduzem o estilo novo na tragédia e ele alcança o apogeu nos nomos citaródicos de Timóteo, nos ditirambos dramáticos (verdadeiras óperas) de Filóxeno, na aulética de Antigênides. Claro, o velho estilo conserva ainda por muito tempo seus partidários, não só em teoria, como Damon e Platão, mas também na prática: a comédia, conservadora por oposição, não contém suficiente sarcasmo contra os sacrílegos inovadores. Mas o que importa? Eles têm a atenção do público e logo se tornam clássicos, por sua vez.

Com o desenvolvimento técnico da música, anda ao seu lado o progresso do ensino e da crítica musical, para quem o movimento sofístico dá um poderoso impulso. Após Erátocles, e ao mesmo tempo que Estratônico, o polígrafo Aristóxeno de Tarento, o *mousikos* por excelência, o criador da gama temperada, espírito profundo, enciclopédico, mas melancólico e preso ao passado, desenvolve todos os ramos do ensino musical, que fecunda pela filosofia da história, só excluindo de seu programa as especulações matemáticas nas quais se comprazam os investigadores da acústica na escola de Pitágoras (Arquitas etc.).

No século iii, abre-se um período de lento declínio e de relativa infecundidade. A música continua a ser largamente amada e praticada, especialmente em Alexandria e Roma, mas se converte sobretudo em apanágio dos profissionais, não se abrindo mais caminhos novos; sob certos aspectos, vê mesmo reduzir-se seu antigo domínio, como o demonstra a obra de Ptolomeu, o grande teórico da era imperial. A enarmônica é apenas uma antiqualha incompreensível; o único gênero vivo e cultivado é o diatônico, mais ou menos colorido por elementos cromáticos. Se o sistema tonal se mantém e mesmo (aparentemente) se completa, o número de modos realmente utilizados tende a restringir-se e a se reduzir finalmente a dois – dório e frígio –, protótipos dos nossos menor e maior. O contato renovado com o Oriente enriquece a orquestra com alguns instrumentos novos e exóticos, mas nenhum adquire uma importância real: a única criação notável é o hidráulico (órgão), mas seu futuro verdadeiro está reservado à Idade Média cristã. A reunião de um grande número de instrumentos e de coristas nas sinfonias dos imensos teatros e anfiteatros de Alexandria e de Roma não constitui um progresso sério: há aumento de sonoridades, maior variedade de timbres, mas a polifonia, sempre reduzida a duas partes, permanece rudimentar.

Quanto à ritmopeia, após ter-se mantida durante dois séculos nas vias abertas pelos criadores do "estilo livre", as tendências arcaizantes e classicizantes, que se desenham a partir do primeiro século a. C., na música e na escultura, levam-na pouco a pouco a formas mais simples, e logo indigentes.

Entre os ramos da composição musical, a tragédia e o ditirambo-ópera ainda sobrevivem algum tempo, porém, não se renovando, acabam por passar de moda e cedem lugar à pantomima, quer dizer, ao balé gestual, na forma de mimo. O próprio "coro cíclico" só é agora uma dança coletiva, dominada pelo canto do aulo. Um após outro, todos os gêneros do coral clássico ou da monodia degeneram e se estiolam. Alguns conservam alguma vitalidade até o fim da Antiguidade: o hino, o peônio, a citarodia, o solo de aulo. A chegada do cristianismo condenará a maior parte desses gêneros, ligados à lembrança e aos ritos pagãos; a própria notação será esquecida; os restos frágeis da arte antiga vegetam obscuramente na crisálida da nascente hinologia cristã, aguardando uma renovação longínqua.

*   *   *

Finalizo aqui um esboço necessariamente bem imperfeito. Mas não quero me despedir da música grega sem lembrar, ainda uma vez, que por mais inferiores que fossem os recursos utilizados por ela, em comparação com os da música moderna, por elementar que fosse sua harmonia, por monótona que fosse sua instrumentação, ela não só estendeu-se a toda a vida social dos antigos, mas ainda exerceu sobre os espíritos uma impressão que os modernos têm certa dificuldade para conceber sua profundidade. A sensibilidade dos gregos parece ter sido particularmente acessível às impressões mais finas, às mais livres do ritmo e da melodia; delas tiravam não apenas um prazer sensível, infinitamente variado, mas uma emoção moral muito viva, que tanto incitava a alma a agir, como lhe trazia calma e equilíbrio, ou lhe dissolvia em langor e volúpia. Muitos pensadores, a começar pelos pitagóricos, fizeram a esse respeito observações interessantes, das quais se poderia extrair um verdadeiro tratado de fisiologia e de psicologia musicais.

Os homens de Estado não permaneceram alheios a essas especulações. Sentiam a correlação que existe entre o governo de um Estado e a educação dos cidadãos, na qual a música e a ginástica formavam então todo o programa. Damon, confidente de Péricles, declarava que não se pode mudar nada da música nacional sem abalar profundamente as fundações da própria cidade. Era também a opinião dos magistrados de Esparta e de Argos, quando interditavam toda inovação na execução ou na estrutura da lira, pois viam na música tradicional um fator de moralidade, uma salvaguarda da "temperança", uma garantia de estabilidade política e social. Aristóxeno não está longe de compartilhar essa opinião, ele que prefere, a todos os refinamentos da música descritiva e sensual de seu tempo, as "simples e divinas" cantilenas de Terpandro e de Olimpo. Cento e cinquenta anos mais tarde, Políbio constata que os cinetienos são os mais selvagens dos árcades, porque abandonaram as instituições musicais dos antepassados. E vemos cidades cretenses honrar por um decreto e com uma coroa um artista vindo da Jônia, porque recitou, acompanhando-se pela cítara, além das composições de seu compatriota Timóteo, as velhas canções do país, caras a seu coração e inseparáveis de sua nacionalidade.

Relatos desse gênero nos fazem captar ao vivo a relação estreita que existe entre a música e a civilização dos gregos. Os documentos tão pobres que o tempo conservou dessa música nos servem assim para penetrar um pouco mais no conhecimento da cultura mais original que qualquer outra raça tenha criado e que, mesmo defunta, permanece como a fonte eterna onde o pensamento moderno deve, ininterruptamente, se retemperar, a fim de readquirir, como um banho de vida, a juventude e a beleza.

Apêndices

1. Notação[1] Antiga

I. Notação Melódica[2]

A música grega empregava dois sistemas de notação melódica: um composto por signos especiais, talvez derivados de um alfabeto arcaico; outro, constituído simplesmente pelas 24 letras do alfabeto jônico. Os dois sistemas eram empregados indiferentemente, como o comprovam os hinos délficos. No entanto, quando se anotava ao mesmo tempo o canto e o acompanhamento de uma canção, as notas alfabéticas jônicas ficavam reservadas ao canto, e as demais à parte instrumental. Daí as expressões consagradas de *notação vocal* e *notação instrumental*[3], que empregarei doravante.

A notação instrumental tem por núcleo uma série de quinze signos distintos, atribuídos a *sons fixos* e abrangendo uma escala de duas oitavas. Esses signos parecem ter sido imaginados para anotar

---

1 παρασημαντική.

2 μελογραφία.

3 σήματα τῆς λέξεως, τῆς κρούσεως.

os sons fixos de um grupo de cinco escalas de transposição, cada uma com onze sons, e dispostas em intervalos de 1 tom, 1/2 tom, 1 tom, 1 tom. Não há mais dúvida de que os três tons mais agudos são as escalas primitivas (dórico[4], frígio, lídio). A invenção do sistema é, pois, muito anterior a Aristóxeno, mas posterior à adoção da lira de onze cordas (último terço do século v). Pode-se pensar no pitagórico Arquitas.

Para a tradução das notas antigas em notação moderna, é vantajoso exprimir os sons fixos pelas notas correspondentes às teclas brancas do nosso piano; com efeito, como se verá imediatamente, cada nota antiga atribuída a um som fixo é suscetível de duas transposições, designando duas elevações sucessivas de um quarto de tom: se, pois, a nota moderna correspondente a um som fixo já indica uma diese ou um bemol, torna-se quase impossível traduzir essas modificações de uma maneira inteligível. Assim, depois de Bellermann, fomos levados a traduzir a dupla oitava dos signos primitivos pela escala lá[1] – lá[3], a única que assegura a concordância desejada. Do ponto de vista estritamente científico, essa tradução está errada, pois equivale a exprimir a "oitava coral" por fá[2] – fá[3], quando, em realidade[5], ela deve corresponder a ré[1] – ré[2]. Mas caso se adotasse esta última equivalência e, por conseguinte, para a dupla oitava dos signos primitivos, a escala fá sustenido[2] – fá sustenido[3], chegaríamos a dificuldades inextrincáveis na transcrição dos tetracordes em *picno*[6]. Ao contrário, nada é tão fácil quando se trata de adaptar uma canção antiga para o uso prático vocal do que transpô-la de uma terça menor para o grave.

Com o benefício dessas informações, eis aqui a série de signos instrumentais primitivos, com sua transcrição convencional em notas modernas[7]:

---

4 No entanto, é curioso que nenhum signo primitivo seja atribuído à *mesē* do tom dórico, que só se pode exprimir pela transposição do signo C. Aliás, o inconveniente é pequeno, pois no sistema de cinco sons essa *mesē* não se encontrava na origem do tetracorde.

5 Não há nenhuma razão para se crer que a tessitura das vozes antigas tenha sido sensivelmente diferente da nossa.

6 Basta ver o labirinto em que se debate Riemann no artigo *Musique grecque*, de seu Dicionário de Música.

7 Acresci de imediato o signo reverso Ɔ, necessário para restituir a *mesē* dórica.

Esses signos são suficientes para anotar todos os sons fixos dos tetracordes, começando por uma "tecla branca". Para a notação dos sons móveis, cada signo primitivo, ou "signo vertical" (ὀρθόν), é suscetível de duas transposições: o signo *deitado* (ἀνεστραμμένον) exprime o som inicial alçado de um quarto de tom; o signo *invertido* (ἀπεστραμμένον)[8], o som elevado de dois quartos de tom (ou ½ tom). Desde então, a notação dos tetracordes no gênero enarmônico se encontra efetivada de uma maneira mais simples e expressiva, com as três notas que compõem o *picno* formando uma *tríade* de signos da mesma família. É a prova de que o sistema foi criado em uma época em que o gênero era predominante. Para os dois outros gêneros, admite-se que o segundo grau do tetracorde tinha ali a mesma entonação que a parípata enarmônica (por exemplo, no tetracorde mi-lá, mi e um quarto) e era anotado, consequentemente, com o mesmo caractere (signo primitivo deitado)[9]. Quanto ao terceiro grau, era anotado, *no gênero cromático*, pelo mesmo signo do terceiro grau enarmônico (signo primitivo invertido), mas ao qual se atribuía um traço diacrítico[10]; *no gênero diatônico*, era anotado pelo signo primitivo ou invertido, correspondente à sua altura real, quer dizer, ao som fixo posto a um tom no grave do quarto grau do tetracorde. Essas convenções permaneceram em vigor mesmo quando no cromático e no diatônico a progressão por semitons e tons inteiros foi geralmente adotada. Por consequência, o tetracorde mi-lá será assim anotado nos três gêneros:

8 Há algumas anomalias destinadas a evitar confusões gráficas e que o uso ensinará.
9 É esse postulado que parece indicar que o sistema nasceu na escola de Arquitas, que indicava a mesma parípata para os três gêneros (ver, supra, p. 49). O próprio Aristóteles (*Prob.* xix, 4) admite ainda, sem especificar o gênero, que a distância entre a hípata e a parípata é *sempre* de um diésis.
10 Esse signo diacrítico tornou-se inútil quando o enarmônico caiu em desuso; ele nunca figura nos exemplos anotados que nos chegaram.

Quando o sistema das escalas de transposição tomou sua forma definitiva, foi preciso, de início, prolongar para o agudo e para o grave a série dos signos primitivos. No agudo (si^3 – lá^4), contentava-se em reproduzir os signos da oitava precedente (K e seguintes), atribuindo-lhes um acento diacrítico, assim: K'. No grave, acrescentou-se uma tríade regular, a do sol^1 (ε ω з)^{11}. Depois, foi preciso, sobretudo, encontrar um meio de anotar os tetracordes, a partir de então numerosos, começando por um signo invertido (tecla preta). Aqui era impossível aplicar o método precedente, pois um signo invertido não é passível de nova inversão. Recorreu-se então a uma nova convenção, tendo por base o cromático toniado (o enarmônico já estava em desuso): o segundo grau do tetracorde é anotado, *nos três gêneros*, pelo signo do som colocado um meio-tom acima do primeiro, isto é, pelo signo primitivo seguinte sob a forma "vertical"; o terceiro grau é anotado, no cromático (e no enarmônico), por este mesmo signo sob a forma invertida; no diatônico, pelo signo (primitivo ou invertido) situado um tom acima do segundo. O tetracorde si bemol – mi bemol será anotado então como se segue:

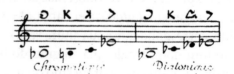

Passemos à *notação vocal*. Seu primeiro emprego parece ter sido limitado à oitava coral (fá^2-fá^3). Transcrevamos na notação *instrumental* todos os sons naturais dessa oitava, com seus dois inversos: obtém-se assim oito tríades de signos, ou seja, 24 signos. Escrevamos, agora, abaixo de cada um dos 24 signos as 24 letras do alfabeto jônico,

---

11 O signo constitutivo dessa tríade (duplo sigma) foi emprestado da nota vocal que designa o sol^1. Para a última tríade no grave (fá^1), copiava-se, revertendo, as três notas vocais derivadas das letras τ, υ, φ.

descendo do agudo ao grave: cada uma dessas letras representará a mesma entonação que o signo instrumental correspondente.

Para os sons superiores à oitava coral, empregam-se primeiramente (sol – lá diese) as últimas letras do alfabeto (de W a T) invertidas ᴜ ou deitadas ⊖, do grave ao agudo; depois, de si^3 a sol^4 retomam-se as letras correspondentes da oitava inferior (O X N ... depois ᴜ...), indicadas por um acento diacrítico assim: M'.

Para os sons inferiores (mi diese – fá^1), retoma-se, fazendo-os deitar ou alterando de diversas maneiras, que o uso ensinará, as letras do alfabeto de α (Ⅴ) até φ (ᴗ).

Vê-se que não há necessidade de regras especiais para a notação dos tetracordes em notas vocais: ela é exatamente calcada sobre a das notas instrumentais correspondentes. Assim, em um tetracorde que começa por uma tecla branca, os três sons do *picno* serão sempre expressos por três letras consecutivas do alfabeto, por exemplo:

O quadro abaixo dá, a título de exemplo, a notação completa (diatônica e cromática) dos quatro tons utilizados nos fragmentos de música antiga que nos chegaram:

Quadro x.

tom frígio;
tom iastieno;
tom hipolídio;
tom lídio.

O sistema de notação grego é engenhoso, mas complicado. Independentemente do grande esforço de memória que ele exige para que se assimile a série completa dos signos, apresenta um vício grave, devido à sua gênese histórica: o disparate entre a maneira de anotar os tetracordes, conforme eles comecem por um signo primitivo ou por um signo invertido. Disso resulta que, em primeiro lugar, uma mesma entonação pode (como, aliás, entre nós) ser ilustrada por dois signos diferentes; assim, ré², som fixo (inicial do terceiro tetracorde) no tom frígio, será anotado pela nota instrumental <; ré², som móvel (terceiro cromático do segundo tetracorde) no tom hipofrígio, por D¹²; em segundo lugar, e coisa mais grave, um mesmo signo, de acordo com o tom, pode ter valores diferentes: por exemplo, a nota vocal H, no tom frígio, designa o terceiro degrau cromático do tetracorde ré-sol (tetracorde "branco"), quer dizer, mi natural; mas, no tom iastieno, ela representa o terceiro degrau cromático do tetracorde ut diese – fá diese (tetracorde "preto"), ou seja, ré diese. Também a decifração de uma página de música antiga não pode se dar com certeza, a menos que o número de notas conservadas seja suficiente para determinar o tom da cantilena.

Na notação das árias cantadas, as notas antigas eram escritas com pequenos caracteres acima das sílabas com as quais se relacionavam. Quando uma mesma sílaba comporta duas ou mais notas, elas se ligam, com frequência, pelo signo ‿ (*hífen*). Os hinos délficos não utilizam esse signo, mas desdobram pela escrita a vogal ou ditongo decomposto pelo som. Quando uma nota se repete sobre várias sílabas consecutivas, ela não é, em geral, reiterada na escrita; mas essa regra contém numerosas exceções.

II. Notação Rítmica

Ao longo do texto, já dei a conhecer (capítulo II) os principais signos empregados como indicadores de duração. Aqui os resumo:

---

12 Observemos que esse signo representa, em realidade, um "ut duplo diese"; ora, em muitas variedades do cromático, este som não se confunde em nada com ré. Não há ali uma *homotonia* absoluta.

	duração sonora	silêncio
1 primeiro tempo (breve)	∪	∧
2	—	⊼ ou ⅂
3	⌐	⊼
4	⊔	⊼
5	⊔⊔	?

O tempo elevado (*arse*) é indicado por um ponto (στιγμή) colocado acima da nota ou das notas dos quais se compõe. As divisões da cantilena em reprises ou perícopes estão marcadas ora por alíneas, ora por signos – Ɔ ou I I.

Em uma partitura bem cuidada, toda duração está anotada com o signo rítmico correspondente posto acima da nota melódica. O signo da elevação se põe acima do signo de duração. Todavia, a duração correspondente a uma sílaba breve (∪) nunca é expresso e, até mesmo quando o ritmo não deixa qualquer dúvida, como nos hinos délficos, não se indica mais a duração da longa de dois tempos (—).

Dou, a título de exemplo, um fac-símile da *Ária de Trales*, a amostra mais completa e legível que nos chegou da notação antiga.

ΕΙΚΩΝΗΛΙΘΟΟΣ
ΕΙΜΙ·ΤΙΘΗΣΙΜΕ
ΣΕΙΚΙΛΟΣΕΝΘΑ
ΜΝΗΜΗΣΑΘΑΝΑΤΟΥ
ΣΗΜΑΠΟΛΥΧΡΟΝΙΟΝ
ΟΣΟΝΖΗΣΦΑΙΝΟΥ
ΜΗΔΕΝΟΛΩΣΣΥ
ΛΥΠΟΥΠΡΟΣΟΛΙ
ΓΟΝΕΣΤΙΤΟΖΗΝ
ΤΟΤΕΛΟΣΟΧΡΟ
ΝΟΣΑΠΑΙΤΕΙ
ΣΕΙΚΙΛΟΣΕΥΤΕΡ
ΖΗ

2. Bibliografia Sumária

I. Fragmentos Antigos Anotados[1]

II. Musicólogos Antigos

A coletânea de Meibom (*Musicae auctores septem*, Amsterdã, 1652), que compreende, em realidade, nove tratados, ainda é útil. Os *Musici scriptores* de K. von Jan (Leipzig, Teubner, 1895) contém apenas pequenos tratados, entre os quais o mais precioso é o de Alípio, com os diagramas de notações, e os *Problemas Musicais*, de Aristóteles.

Para os *Harmônicos*, de Ptolomeu, deve-se ainda se contentar com a velha edição de Wallis (Oxford, 1682 e 1699); o mesmo para o comentário anônimo desta obra, atribuído a Pórfiro ou a Pappus, e *Harmoniques*, de Manuel Bryenne (Wallis, *Opera mathematica*, tomo III).

Há boas edições modernas de *Harmoniques* [Harmônicos], de Aristóxeno (Paul Marquard, 1868; H. Macran, 1902); de *Traité de la musique* [Tratado da Música], de Plutarco (H. Weil e Théodore

---

1 Ver Apêndice 3.

Reinach, 1900); de *Problèmes musicaux* [Problemas Musicais], de Aristóteles (Gevaert e Vollgraff, 1903, e ver também a edição geral dos *Problemas*, de Ruelle e Klek, Teubner, 1922); do *Comentário sobre Platão*, de Téon de Esmirna (Hiller, 1878, Dupuis, 1892).

A compilação de Aristides Quintiliano foi mediocremente reeditada por A. Jahn (Berlim, 1882). Para a parte rítmica, ver a excelente edição de J. Caesar (Marburg, 1861).

Importantes escritos anônimos foram publicados por A. H. Vincent (1847) e F. Bellerman (1841).

C. E. Ruelle traduziu Aristóxeno para o francês e os demais tratados de Meibom (exceto Aristides Quintiliano).

As edições mencionadas acima apresentam também traduções francesas de Plutarco, Aristóteles, Téon.

Entre os textos latinos, pode-se mencionar Marciano Capella, *De nuptiis philologiae et mercuri,* livro IX (Eyssenhardt, 1866); Santo Agostinho, *De musica* (edição dos beneditinos, tomo primeiro); Boécio, *De institutione musica* (Friedlein, 1867).

III. Obras Modernas

A obra capital, o *Standard Work*, permanecerá por muito tempo o livro magistral de F. A. Gevaert, *Histoire et théorie de la musique de l'antiquité* [História e Teoria Musical da Antiguidade] (Gand, 1875-
-1881, 2 v.), completado por *La Mélopée antique dans le chant de l'église latine* [Melopeia Antiga no Canto da Igreja Latina] (Gand, 1895). É uma síntese notável pela segurança da erudição, a clareza do exposto e a universalidade de um saber musical que sempre estabelece pontos de comparação. Gevaert deve bastante, sobretudo seus erros, às obras várias vezes retocada do alemão R. Westphal (na rítmica, em colaboração com Rossbach), erudito genial, mas aventuroso e versátil. Por sua vez, M. Maurice Emmanuel, em suas duas exposições sobre o assunto (*Histoire de la langue musicale* [História da Língua Musical], tomo primeiro, 1911; *Traité de la musique grecque antique* [Tratado da Música Grega Antiga], Delagrave, 1911, ilustrado), se

conserva muito próximo da doutrina de Gevaert, enriquecendo-a com numerosas observações pessoais.

À leitura dessas obras essenciais, acrescente-se aquela do belo livro de L. Lajoy, *Aristoxène de Tarente* (1904) e de alguns artigos do *Dictionnaire des antiquités* [Dicionário das Antiguidades], de Saglio (música, lira, tíbia, escritos por T. Reinach etc.) e do *Dictionnaire de musique* [Dicionário de Música], de Riemann (edição francesa, Payot, 1913).

O leitor de língua alemã lerá com proveito o resumo de Gleditsch no *Handbuch der klassischen Altertumwissenchaft* [Manual da Ciência Clássica da Antiguidade], de I. von Muller (1901), ou aquele de Albert no *Handbuch der Musikgeschichte* [Manual da História da Música], de Adler (Frankfurt, 1924), apesar de uma transcrição infeliz do hino délfico; igualmente os artigos de K. von Jan nos *Denkmäler* [Monumentos], de Baumeister, e vários artigos da *Real Encyclopädie,* de Pauly Wissowa.

Os trabalhos relativos à rítmica dizem respeito tão de perto à métrica que não se deverá negliglenciar as principais obras sobre a métrica grega, tais como a de W. Christ (1879), P. Masqueray (1899) e a coletânea de estudos de Wilamowitz, *Grieschische Verskunst* (Versificação Grega, 1921). Com resultados se poderá consultar R. Westphal, *Die Fragmente und die Lehrsätze der grieschischen Rhythmiker* [Os Fragmentos e os Dogmas da Rítmica Grega,1861].

3. Fragmentos Anotados da Música Grega

1. Fragmento de um Coro do *Orestes* de Eurípides
versos 330 e s. (480 a. C.)[1]

Tradução
Gemo, gemo, pensando no sangue de tua mãe, que te faz louco.
    Um alto destino não tem estabilidade entre os mortais: como a vela de um barco ligeiro, um deus o sacode e o devora em horríveis malogros, funestos, ávidos, como as ondas do mar.

---

[1] Fragmento de papiro da coleção do arquiduque Rainer, primeira edição: Carl Wessely, *Mitteilungen aus der Sammlung der Papyrus Erzherzog Rainer*, v. v, Viena, 1882. Ver, notadamente, O. Crusius, *Philologus*, LII (1893). Jan, *Melodiarum Reliquiae*, n. 1, Notação vocal.

II. Primeiro Hino Délfico a Apolo
por um compositor ateniense (cerca de 138 a. C.)[2]

2 Lousa de mármore descoberta em maio de 1893 nas ruínas do Tesouro dos Atenienses, em Delfos, atualmente conservado no Museu de Delfos. Primeira edição: H. Weil e T. Reinach, *Bulletin de correspondance hellénique*, XVII, 1893, p. 569 e s. Edição definitiva: T. Reinach, *Fouilles de Delphes*, III. 2, 1912. Ver, notadamente, O. Cruisius, *Die delphischen Hymmen*, suplemento ao *Philologus*, tomo LIII, 1894, Jan, op. cit., n. 2 e 3, Notação vocal.

Tradução
Escutai, vós de quem o Hélicon de bosques profundos coube em herança, filhas de belos braços de Zeus ressoante! Correi para alegrar com cantos vosso irmão Febo, de cabelos de ouro, e que, sobre o duplo cimo desta rocha do Parnaso, acompanhado de ilustres homens de Delfos, encaminha-se para as ondas límpidas da Castália, percorrendo, sobre o promontório de Delfos, o pináculo profético.

Eis aqui a gloriosa Ática, a nação de uma grande cidade que, graças às preces da guerreira tritônida, habita um desfiladeiro ao abrigo de todo ataque. Sobre os santos altares, Hefesto consome as coxas dos jovens touros; mesclado à chama, o vapor da Arábia se eleva para o Olimpo. O lótus de rumor penetrante murmura sua canção modulada, e a cítara de ouro, a cítara de suave som, responde à voz dos hinos.

E o enxame de todos os artistas, habitantes da Ática, canta tua glória, deus ilustre pelo tocar da cítara, filho do grande Zeus, ao lado deste cimo coroado de neve; ó, tu que revelas a todos os mortais os infalíveis e eternos oráculos. Eles dizem como tu conquistas a trípode profética que um dragão indomável guardava, quando com teus sorvos trespassaste o monstro multicor que se contorcia, até que a besta, lançando numerosos e terríveis sibilos, acabou por expirar. Eles falam também da horda gaulesa e de seu impiedoso sacrilégio, quando quis atravessar a soleira de teu santuário… Mas andemos, filho de Latona, rebento belicoso…

III. Segundo Hino Délfico a Apolo
de Limênio, filho de Teno, ateniense (cerca de 128 a. C.)[3]

[3] Lousa de mármore (em vários fragmentos), descoberta no Tesouro dos Atenienses em Delfos, em 1893, conservada no Museu de Delfos. Primeira edição: H. Weill e T. Reinach em *Bulletin de correspondance hellénique*, XVIII (1894), p. 345 e s. Para o resto da bibliografia, ver o número precedente. Notação Instrumental.

175

Tradução
Vinde a essas alturas que enxergam ao longe, onde surge o duplo cimo do Parnaso, caro às danças, e presidi aos meus cantos, ó Piérides, que habitais as rochas nevadas do Hélicon. Vinde cantar o Pítico de cabelos de ouro, o mestre do arco e da lira, Febo, que engendrou a bem-aventurada Latona perto do ilustre lago, quando, em suas dores, ela tocou com suas mãos o ramo viçoso e esverdeado da oliveira.

 Em alegria se fez a abóbada do céu, sem nuvem e radiosa; na calmaria dos ares, os ventos detiveram seus voos impiedosos. Nereu acalmou o furor de suas vagas arruantes; assim fez o grande Oceano, que com seus braços úmidos abraça a Terra.

 Então, deixando a ilha de Quinto, o deus ganha a pátria das colheitas, a nobre terra ática e se detém perto da colina escarpada da deusa Tritônida. O lótus da Líbia, vertendo seu canto suave, o saúda com sua doce voz de acordes modulados pela cítara; e imediatamente o eco que habita o rochedo gritou: Peã! Ié Peã! O deus se rejubilou: confidente dos pensamentos de seu pai, reconhece a intenção imortal de Zeus. Eis por que, desde então, Peã é invocado por todos nós, o povo da terra, e pelos artistas que a cidade de Cécrope abriga, enxame sagrado que Baco tocou com seu tirso.

 Mas, ó mestre da trípode fatídica, no caminho para essa crista do Parnaso, pisado pelos deuses, amigo dos êxtases santos!

Lá, teus brincos violetas, circundados por um ramo de louro, tu arrastava enormes blocos, ó rei, com tua mão imortal, apoios de teu templo, quando te viste em face da monstruosa filha da Terra.

Mas, ó filho de Latona, deus de olhar carinhoso, tu atravessas com tuas flechas a selvagem criança da Terra e lanças um grito de vitória; ela sentiu o desejo de sua querida mãe...

... Assim tu velavas, ó senhor, próximo ao santo umbigo da Terra, quando a horda bárbara, profanando tua sé fatídica para pilhar os tesouros, pereceu submersa na tormenta da neve.

Mas, ó Febo, protege a cidade de Palas, fundada pelos deuses, e seu nobre povo; tu também, ó rainha dos arcos e dos cães de Creta, Ártemis, e tu, venerável Latona! Velai sobre os habitantes de Delfos a fim de que seus filhos, suas esposas e suas casas estejam ao abrigo de todo dano! Olhai com olho propício os servidores de Baco, vencedores dos jogos sagrados! Que com vossa ajuda o império dos romanos, coroado de lanças, sempre florescente por imperecível juventude, se engrandeça e avance de vitória em vitória!

IV. Epitáfio de Síquilo
(século I d. C.)[4]

4 Gravado em uma coluneta de Trales (?) (Ásia Menor). Descoberto e publicado por Ramsay, *Bulletin de correspondance hellénique*, VII, 1883, p. 277. Os signos musicais foram reconhecidos por Wessely (1891). Ver, sobretudo, Crusius (*Philologus*, LII, 167); T. Reinach (*Revue des étues grecques*, VII, 203 e *Bulletin de correspondance hellénique*, XVIII, 365); K. Von Jan (*Melodiarum reliquiae*, p. 35); Charles Picard (*Annales de l'Université de Grenoble*, II, 121). Uma fotografia da pedra foi publicada por Laumonier em *Bulletin de corrrespondance hellénique*, XLVIII, 50. A pedra, conservada durante muito tempo na coleção de Young, em Boudja, desapareceu após o incêndio de Esmirna (setembro de 1923). Notação vocal.

Tradução
Enquanto viveres, brilha; não te aflijas com nada além da medida; a vida dura pouco; o tempo reclama seu tributo.

v. Prelúdios Citaródicos (Hinos à Musa)
(século I a. C ou d. C.)[5]

[5] Conservados em diversos manuscritos musicológicos bizantinos (sobretudo Neápolis III, C. 4 e Venetus VI, 10). Primeira edição de Vincenzo Galilei, de 1581. A distinção entre os dois prelúdios é devida a Wilamowitz (*Timotheus Perser*, p. 97). Ver, sobretudo, E. Bellerman, *Die Hymnen des Dionysius und Mesomedes* (1840), T. Reinach, em *Revue des études grecques*, IX, 1896; jan, op. cit., nº 5. Notação vocal.

[6] Variante de transcrição (compassos 3-4), ver no final do texto.

Tradução
a. Canta, Musa, que me é querida, e preludia minha própria canção. Que uma brisa saída de teus pequenos bosques faça arrepiar minha alma...

b. Ó sábia Calíope, que diriges as Musas graciosas, tu, cuja sabedoria iniciou nos mistérios o filho de Latona, Délio Peã, auxilia-me com tua benevolência...

VI. Hino ao Sol
por Mesomede de Creta (cerca de 130 d. C)[7]

[7] Conservado, tal como o n. VII, pelos mesmos manuscritos do n. 5. Primeira edição por Galileu (ver supra); e depois completamente por Burette, em História da Academia das Inscrições, v. 2 (1729), que determinou o nome do autor. Ver Bellerman, op. cit., jan. n. 6-7. Notação vocal.

VII. Hino a Nêmesis
por Mesomede de Creta[8]

---

[8] Bibliografia como para o Hino VI. Notação vocal.

9 Falta o final.

VIII. Fragmentos Vocais de Contrapolinópolis
   (cerca de 160 d. C.)[10]

10 Papiro proveniente de Tebaida e conservado no Museu de Berlim, n. 6870. Primeira edição de Schubart, *Sitzungsbericht*, da Academia de Berlim, 1918, p. 763 e s. Ver T. Reinach, *Revue d'Archeologie*, 1919, p. 11; R. Wagner, *Philologus*, 1921, p. 256 e s. Notação vocal. O fragmento *a*, inteiramente composto de sílabas longas, poderia ser de Mesomede, a quem Wilamowitz atribui um poema análogo, *À Natureza*, posto sob o nome de Pitágoras pelo manuscrito.

IX. Fragmentos Instrumentais de Contrapolinópolis[11]

11 Mesma bibliografia do n. VIII. Notação instrumental.

x. Hino Cristão de Oxirrinco
(fim do século III d. C.)[12]

[12] Papiro encontrado em Oxirrinco (Egito), e publicado por A. Hunt e Stuart Jones, *Oxyrhynchus Papirus*, XV (1922), n. 1786. Ver T. Reinach, *Revue musicale*, 1º de julho 1922, (III, p. 8 e s.). Notação vocal.

Tradução
(Que as Virtudes de Deus não se calem nem à tarde) nem pela manhã. Que também não guardem silêncio os astros portadores da luz… e as fontes dos rios impetuosos. E, enquanto celebramos nos hinos o Pai, o Filho e o Espírito Santo, que todas as Virtudes da criação entoem este refrão: Amém, Amém! Poder, louvor (glória eterna…) ao único dispensador de todos os bens. Amém! Amém!

Bibliografia Atualizada*

ALLEN, W. Sidney. *Accent and Rhythm: Prosodic Features of Latin and Greek*. Cambridge: Cambridge University Press, 1973.

ANDERSON, Warren D. *Ēthos and Education in Greek Music*. Cambridge: Harvard University Press, 1966.

_____. *Music and Musicians in Ancient Greece*. Ithaca: Cornell University Press, 1994.

ARISTOXENUS. *Aristoxenou Harmonika Stoicheia: The Harmonics of Aristoxenus*. Trans. H. S. Macran. Oxford: Clarendon Press, 1902 (facs. Hildesheim: G. Olms, 1974).

BARBOUR, James M. *Tuning and Temperament: A Historical Survey*. New York: Da Capo Press, 1972.

BARKER, Andrew (ed.). *Greek Musical Writings II: Harmonic and Acoustic Theory*. Cambridge: Cambridge University Press, 1984-1989.

BOETHIUS, Anicius Manlius Severinus. *De institutione musica: Fundamentals of Music*. Ed. Claude V. Palisca. Trans. Calvin M. Bower. New Haven: Yale University Press, 1989.

BORZACCHINI, Luigi; MINNUNI, Domenico. *A Mathematical Notebook About Ancient Greek Music and Mathematics*. Bari: Università di Bari, 2001.

BOSSEUR, Jean-Yves. *Vocabulaire de la musique contemporaine*. Paris: Minerve, 1992.

BOULANGER, Richard. The Csound Book: Perspectives in Software Synthesis, Sound Design, Signal Processing, and Programming. Cambridge: MIT Press, 2000.

BUNDRICK, Sheramy D. *Music and Image in Classical Athens*. New York: Cambridge University Press, 2005.

BURKERT, Walter. *Lore and Science in Ancient Pythagoreanism*. Cambridge: Harvard University Press, 1972.

CANDÉ, Roland de. *Nouveau dictionnaire de la musique*, Paris: Seuil, 2000.

---

* Por Livio Tragtenberg. Agradecemos ao Prof. Margounakis Dimitrios, da Universidade Aristóteles, de Tessalônica, que faz parte do Departamento de Ciência da Computação, as sugestões desta bibliografia.

CARLSSON, Gunilla et al. A New Digital System for Singing Synthesis Allowing Expressive Control. *Proceedings of the 1991 International Computer Music Conference*. Montreal: International Computer Music Association, 1991.

CASCELLA, Danielle. *Scultori di suono: Percorsi nella sperimentazione musicale contemporanea*. Coriano: Tuttle, 2005.

CHAILLEY, Jacques. *La Musique grecque antique*. Paris: Belles Lettres, 1979.

CHOWNING, John. Computer Synthesis of Singing Voice. *Proceedings of the 1981 International Computer Music Conference*. Melbourne: La Trobe University/International Computer Music Association, 1981.

COMOTTI, Giovanni. *Music in Greek and Roman Culture*. Baltimore: Johns Hopkins, 1989.

COOK, Perry. Singing Voice Synthesis: History, Current Work, and Future Directions. *Computer Music Journal*, Cambridge, v. 20, n. 3, 1996.

_____. Spasm: A Real-time Vocal Tract Physical Model Controller and Singer, the Companion Software Synthesis System. *Computer Music Journal*, Cambridge, v. 17, n. 1, 1993.

COOK, Perry et al. IGDIS: A Modern Greek Text to Speech/Singing Program for the SPASM/Singer Instrument. *Proceedings of the 1993 International Computer Music Conference*. Tokyo: International Computer Music Association, 1993.

DALLET, Sylvie; VEITL, Anne. *Du sonore au musical: Cinquante années de recherches concrètes (1848-1998)*. Paris: L'Harmattan, 2001.

DANIELS, Arthur. Microtonality and Mean-Tone Temperament in Harmonic System of Francisco Salinas: Part 1. *Journal of Music Theory*, Durham, v. 9, n. 1, 1965.

_____. Microtonality and Mean-Tone Temperament in the Harmonic System of Francisco Salinas: Part 2. *Journal of Music Theory*, Durham, v. 9, n. 2, 1965.

DEVINE, Andrew M.; STEPHENS, Laurence D. *The Prosody of Greek Speech*. New York: Oxford University Press, 1994.

ELLIS, Don. *Quarter Tones: A Text with Musical Examples, Exercises and Etudes*. Plainview: Harold Branch, 1975.

FRANKLIN, John C. Hearing Greek Microtones. In: HAGEL, Stefan; HARRAUER, Christine (eds.). *Ancient Greek Music in Performance: Symposion Wien 29. sept. – 1. okt. 2003*. Wien: Österreichischen Akademie der Wissenschaften, 2005.

GEORGAKI, Anastasia. Virtual Voices on Hands: Prominent Applications on the Synthesis and Control of the Singing Voice. *Proceedings of SMC Conference*. Paris, 2004. Disponível em: <http://smcnetwork.org/files/proceedings/2004/P8.pdf>. Acesso em: 06 jan. 2011.

GOLD, Bernard; RABINER, Lawrence. Analysis of Digital and Analog Formant Synthesizers. *IEEE Transactions on Audio Electroacoustics*, New York, v. AU-16, n. 1, 1968.

GOMBOSI, Otto J. New Light on Ancient Greek Music. In: MENDEL, A.; REESE, G.; CHASE, G. (eds.). *International Congress of Musicology*. New York: American Musicological Society, 1939.

HAGEL, Stefan. *Ancient Greek Music: A New Technical History*. Cambridge: Cambridge University Press, 2009.

KELLER, Eric. *Fundamentals of Speech Synthesis and Speech Recognition: Basic Concepts, State of the Art and Future Challenges*. Chichester: John Wiley, 1995.

KLATT, Dennis H. Software for a Formant Synthesizer. *Journal of the Acoustical Society of America*, Melville, v. 67, n. 3, 1980.

LANDELS, John G. *Music in Ancient Greece & Rome*. London/New York: Routledge, 1999.

LAURSON, Mikael; NORILO, Vesa; KUUSKANKARE, Mika. PWGLsynth: A Visual Synthesis Language for Virtual Instrument Design and Control. *Computer Music Journal*, Cambridge, v. 29, n. 3, 2005.

LELONG, Stéphane. *Nouvelle Musique: À la découverte de 24 compositeurs*. Paris: Balland, 1996.

MARIE, Jean-Etienne. *L'Homme musical*. Paris: Arthaud, 1976.

MARSHALL, Kimberly (ed.). *Rediscovering the Muses: Women's Musical Traditions*. Boston: Northeastern University Press, 1993.

MATHIESEN, Thomas J. *Apollo's Lyre: Greek Music and Music Theory in Antiquity and the Middle Ages*. Lincoln: University of Nebraska Press, 1999.

_____. *Ancient Greek Music Theory: A Catalogue Raisonne of Manuscripts*. München: G. Henle, 1988.

MÖLLENDORFF, Willi; MONZO, Joe. *Music with Quarter-Tones: Experiences at the Bichromatic Harmonium*. San Diego: J. Monzo, 2001.

PIERCE, John. *Le Son musical: Musique, acoustique et informatique*. Paris : Pour la science/ Belin, 1984.

PÖHLMANN, Egert; WEST, Martin L. *Documents of Ancient Greek Music*. Oxford: Clarendon Press, 2001.

POLITIS, Dionysios; VANDIKAS, Konstantinos; MARGOUNAKIS, Dimitrios. Emulation of Ancient Greek Music Using Sound Synthesis and Historical Notation. *Computer Music Journal*, Cambridge, v. 32, n. 4, 2008.

POLITIS, Dionysios et al. Notation-Based Ancient Greek Music Synthesis with ARION. *Proceedings of the 2005 International Computer Music Conference*. Barcelona: International Computer Music Association, 2005.

POLITIS, Dionysios, VANDIKAS, Konstantinos; MARGOUNAKIS, Dimitrius. Visualizing the Chromatic Index of Music. *Proceedings of the 4th International Conference on Web Delivering of Music WEDELMUSI'04*. Barcelona: IEEE Computer Society, 2004.

POLITIS, Dionysios; MARGOUNAKIS, Dimitrios. Determining the Chromatic Index of Music. *Proceedings of the 3rd International Conference on Web Delivering of Music WEDELMUSIC'03*. Leeds: IEEE Computer Society, 2003.

PLUTARCH [Pseudo], *On Music. Plutarch's Moralia*. Ed. and trans. Bededict Einarson and Phillip H. de Lacy. Cambridge: Harvard University Press, 1967, v. XIV (Loeb Classical Library).

RIEGER, Matthias. Music Before and After Solesmes. *STS Working-Papers*. Pennsylvania: Penn State University, 1996.

RODET, Xavier; POTARD, Yves; BARRIÈRE, Jean-Baptiste. The CHANT Project: From the Synthesis of the Singing Voice to Synthesis in General. *Computer Music Journal*, Cambridge, v. 8, n. 3, 1984.

RODET, Xavier; LEFEVRE, Adrien. The Diphone Program: New Features, New Synthesis Methods, and Experience of Musical Use. *Proceedings of the 1997 International Computer Music Conference*. Thessaloniki: International Computer Music Association, 1997.

SCAVONE, Gary P.; COOK, Perry R. Synthesis Toolkit (STK) in C++. In: GREENEBAUM, Ken; BARZEL, Ronen (eds.). *Audio Anecdotes II: Tools, Tips, and Techniques for Digital Audio*. Natick: A. K. Peters, 2004.

SCHLESINGER, Kathleen. *The Greek Aulos: A Study of Its Mechanism and of Its Relation to the Modal System of Ancient Greek Music*. London: Methuen, 1939.

SNYDER, Martha Mass & Jane McIntosh. *Stringed Instruments of Ancient Greece*. New Haven: Yale University Press, 1989.

SPYRIDIS, H. C; EFSTRATIOU, S. N. Computer Approach to the Music of Ancient Greek Speech. *Acustica*, Cambridge, v. 69, n. 5, 1989.

SUNDBERG, Johan. Synthesizing Singing. *Proceedings of the 4th Sound and Music Computing Conference* (SMC'07). Athens: University of Athens Lefkada, 2007.

_____. The KTH Synthesis of Singing. Advances in Cognitive Psychology, Special Issue on Music Performance, 2(3) n. 3, 2006.

TREITLER, Leo; MATHIESEN, Thomas (eds.). *Strunk's Source Readings in Music History: Greek Views of Music*. New York: W. W. Norton, 1998.

TSAHALINAS, Konstantinus. Physical Modeling Simulation of the Ancient Greek Auloi. *Proceedings of the 1997 International Computer Music Conference*. Thessaloniki: International Computer Music Association, 1997.

VERCOE, Barry. *Csound: A Manual for the Audio Processing System and Supporting Programs with Tutorials*. Cambridge: MIT Press, 1986.

WELLESZ, Egon (ed.). *Ancient and Oriental Music*. New York: Oxford University Press, 1999.

WEST, Martin L. *Ancient Greek Music*. Oxford: Clarendon Press, 1992.

_____. *Greek Metre*. Oxford: Clarendon Press, 1993.

WINNINGTON-INGRAM, Reginald P. Aristoxenus and the Intervals of Greek Music. *The Classical Quarterly*, Cambridge, v. 26, n. 3-4, 1932.

XENAKIS, Iannis. *Les Polytopes*. Paris: Balland, 1975.

XYDAS, Gerasimos; KOUROUPETROGLOU, Georgios. The Demosthenes Speech Composer. *Proceedings of the 4th ISCA Tutorial and Research Workshop on Speech Synthesis*. Perthshire: [s. n.], 2001.

YOUNGER, John G. *Music in the Aegean Bronze Age*. Sävedalen: Paul Aströms, 1998.

CDS

HALARIS, Christodoulos. *Music of Ancient Greece*. Booklet and CD, 1992.

PANIAGUA, Gregorio; ATRIUM MUSICAE DE MADRID. *Musique de la Grèce Antique*. Booklet and CD,1979.

Endereços na Internet

Ancient Greek Music
<http://www.oeaw.ac.at/kal/agm/>. Acesso em: 06 jan. 2011.
<http://www.helleniccomserve.com/musichistory.html>. Acesso em: 06 jan. 2011.
On-line publication of the Oxyrhynchus Papyri
<http://www.papyrology.ox.ac.uk >. Acesso em: 06 jan. 2011.
Papyrus collection of the University of Michigan
<http://www.lib.umich.edu/papyrus-collection>. Acesso em: 06 jan. 2011.
Perseus Digital Library
<http://www.perseus.tufts.edu/hopper/> Acesso em: 06 jan. 2011.
Thesaurus Musicarum Latinarum (TML)
<http://www.chmtl.indiana.edu/tml/start.html>. Acesso em: 06 jan. 2011.

COLEÇÃO SIGNOS MÚSICA

Para Compreender as Músicas de Hoje	H. Barraud	[SM01]
Beethoven: Proprietário de um Cérebro	Willy Corrêa de Oliveira	[SM02]
Schoenberg	René Leibowitz	[SM03]
Apontamentos de Aprendiz	Pierre Boulez	[SM04]
Música de Invenção	Augusto de Campos	[SM05]
Música de Cena	Livio Tragtenberg	[SM06]
A Música Clássica da Índia	Alberto Marsicano	[SM07]
Shostakóvitch: Vida, Música, Tempo	Lauro Machado Coelho	[SM08]
O Pensamento Musical de Nietzsche	Fernando de Moraes Barros	[SM09]
Walter Smetak: O Alquimista dos Sons	Marco Scarassatti	[SM10]
Música e Mediação Tecnológica	Fernando Iazzetta	[SM11]
A Música Grega	Théodore Reinach	[SM12]

Este livro foi impresso em
São Paulo, nas oficinas da
Cromosete Gráfica e Editora Ltda.,
em junho de 2011 para
a Editora Perspectiva S.A.